Wir werden immer schöner

Gertrud Lehnert

WIR WERDEN IMMER SCHOENER

Lesbische Inszenierungen

Krug & Schadenberg

Ähnlichkeiten mit lebenden Personen sind beabsichtigt, aber nicht immer hundertprozentig genau. Ich danke für ihre Gesprächsbereitschaft

Silke Buttgereit · H.C. · Kerstin Hübner und Andrea · Manuela Kay
Laura Méritt · Gesine Moritz · Anja Müller · Jenny Schrödl · Anne
Siegel · Astrid Stenzel · Anka Zink

und einigen nicht Genannten,

ferner dem Südwestfunk Baden-Baden für die Bereitstellung von TATORT-Videos.

INHALT

Glitzern macht glücklich 7

LESBEN, SCHOENHEIT UND MODE

Lesbische Modenormen 17
Männliche Seele im weiblichen Körper
    in Männerkleidern 19
Abenteurerinnen 20
Manschetten und Monokel 22
Lesbisches Begehren 24
Die Butch als Accessoire 26
Femmes 27
Butch und Femme 29
Transgender 31
Blaustrümpfe und Elvis-Imitate 33
Kindchenschema und feministische Anti-Mode 35
Modische Dauerbrenner 38
Lifestyle 40
Modemix 41
Schwule Lesben 43
Drag Kings 45
Vive la mode! 47

STILE

Ride hard, stay fashionable –
    Die Harley-Fahrerin 51

Dame, feministisch 60

Elegant in Anzug und Krawatte 71

Du sahst schon immer so lesbisch aus 80

Meine Freundin ist die Mikrofaser 88

Das Geschäft mit der Verführung –
    Die Modeschöpferin 99

KOERPERBILDER

Die Sexpertin 111

Die Boxerin 123

Tangoschlampen 133

BLICKE

Küsschen 151

Die Fotografin 165

Lena, Corky und die Lederjacken –
    Lesben im Film 175

Nachwort 185

Bildnachweis 191

GLITZERN MACHT GLUECKLICH

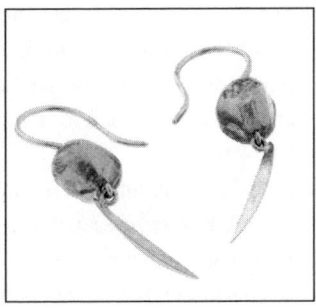

Seit Tagen schleiche ich um den Laden. Ein kleines Schaufenster, dahinter erkennt man einen schmalen, hellen und einladenden Raum mit reduzierter Einrichtung. Aber es ist das Schaufenster, das mich magisch anzieht, beziehungsweise das, was mitten im Schaufenster liegt: ein Paar Ohrringe, mattgoldene Kreolen, ein bis eineinhalb Zentimeter im Durchmesser; und an jeder hängt eine dicke, anthrazitfarben schimmernde Perle. Tahitiperlen, vermute ich angesichts ihrer Vollkommenheit. Diese Ohrringe sind für mich, das weiß ich, seit ich sie gesehen habe. Ich will noch nicht so genau wissen, was sie kosten, damit sie mir noch eine Weile gehören und der Traum nicht gleich zerplatzt, denn gerade im Moment kann ich mir so kostbaren Schmuck nicht leisten. Was ja in ein paar Monaten schon anders sein könnte ... Eigentlich müsste ich sie anprobieren, um zu wissen, ob sie sich an meinen Ohren nicht verändern und ihren Glanz einbüßen. Gefährlich, denn wahrscheinlich werden sie perfekt aussehen. Das Problem mit Kleidern und Schmuck ist, dass es nie genügt, sich an ihrem

Anblick im Schaufenster zu erfreuen. Sie sind so gemacht, dass man sie *haben* muss, damit sie ihre Schönheit wirklich entfalten können: ein Kleid auf dem Bügel, ein Schmuckstück in der Auslage – wunderschön, aber sie leben noch nicht. Ihnen fehlt das entscheidende Moment, die lebendige Trägerin, und nicht selten finde ich, dass ich für ein bestimmtes Teil die richtige Trägerin wäre.

Manchmal – aber wirklich nur anfallweise und sehr vorübergehend – beneide ich die Frauen, die solche Gelüste nicht kennen. Viele lesbische Frauen pflegen einen schlichten Stil, der auf einigen unverwechselbaren Basisteilen beruht: Jeans, Stiefel, T-Shirts, Pullover und eventuell ein Jackett oder eine Lederjacke. Schmuck käme für sie niemals in Frage, dieses Klunkerzeug, das nur stört. Ein künstliches Anhängsel, das mit ihnen nichts zu tun hat und das zu vielen von ihnen in der Tat auch nicht passen würde. Zu mir passt es leider, oder zum Glück. Denn mir machen Mode und Schmuck Spaß; es würde mir viel fehlen, wenn ich darauf verzichten müsste.

Die Goldschmiedin Astrid Stenzel, der der Laden gehört, vor dem ich stehe, ist lesbisch. Wie sie wohl auf die Idee gekommen ist, gerade Goldschmiedin zu werden, ein Männerberuf und einer, der Lesben ganz besonders fern liegt? Wer sind ihre Kundinnen? Welche Erfahrungen macht sie mit dem lesbischen Schmuckbedürfnis?

Neben den Ohrringen liegt eine Kette aus unregelmäßigen hellgrauen Perlen und einem auffallenden goldenen Verschluss. Kette und Ohrringe zusammen ergäben eine reizvolle Mischung: Sie passen zusammen, aber nicht zu perfekt, um eintönig zu sein. Langsam wird es mir zu albern, hier zu stehen und die Auslage auswendig zu lernen; das Anschauen aus der Ferne genügt nicht mehr, ich muss den Dingen näher treten. Entschlossen öffne ich die Tür und betrete den Laden mit dem schönen Namen „Schwermetall": schmal, mit hellen Hölzern eingerichtet, einige kleine Vitrinen hängen an den Wänden; im Hintergrund sieht man die Werkstatt, aus der nun eine Frau tritt, die Goldschmiedin. Sie ist schmal und groß, trägt hellblaue Hosen und ein T-Shirt, keinen Schmuck. Sie hat dunkle, nicht zu kurze und etwas wuschelige Locken, ein schmales Gesicht, lebendige braune Augen und breite Brauen. Sie begrüßt mich sehr freundlich, so, dass ich mich wohl in diesem Laden fühle, nicht den Eindruck habe, entweder sofort etwas kaufen oder gleich wieder verschwinden zu müssen. Die Goldschmiedin vermittelt mir, dass ich mich in Ruhe umschauen kann.

Alles, was zu sehen ist, hat sie selbst entworfen und hergestellt: Sie macht alles von der Pieke auf, kauft die (natürlich ziemlich teuren) Materialien: Silber, Gold, Platin, Steine, Perlen. Sie schmilzt und legiert die Metalle, formt und gestaltet, oft sogar ohne vorher eine Entwurfszeichnung angefertigt zu haben, verkauft die fertigen Teile schließlich, berät Kundinnen oder bespricht mit ihnen Stücke, die diese nicht fertig kaufen, sondern in Auftrag geben. Mir zeigt sie auf meinen Wunsch hin erst mal die Ohrringe („ja, die könnten zu Ihnen passen"); ich probiere sie an, wir begutachten sie beide kritisch und stellen fest, dass sie mir in der Tat gut stehen. „Das mattierte Gold ist genau richtig für Sie", allerdings, so erwägt sie weiter, könnte es etwas röter sein. Die grauen Perlen finde ich wunderschön, aber ob mir nicht weiße besser stehen? Nein, meint sie: „Schauen Sie mal, wie lebendig die grauen sind – Weiß könnte an Ihnen ein bisschen langweilig aussehen."

Teuer sind sie, aber das habe ich mir ja schon gedacht; handgefertigter Schmuck dieser Qualität hat seinen Preis, und wenn ich bedenke, was nur annähernd vergleichbare, aber industriell hergestellte Teile anderswo kosten, dann kann ich gegen diesen Preis wirklich nichts einwenden. Manche Kundinnen, die in ihren Laden kommen, wundern sich erst einmal über die Preise, die ihnen dann aber einleuchten, wenn die Goldschmiedin ihnen erklärt, wieviel handwerklicher Aufwand, ganz zu schweigen von künstlerischer Arbeit und Materialkosten, in jedem einzelnen Stück stecken.

Einen ganz anderen Einwand aber haben meistens ihre lesbischen Kundinnen, nämlich ein abwehrendes: „Ach nein, das ist viel zu auffällig." Schade eigentlich. Es gibt so viele tolle Frauen, und es ist gar nicht einzusehen, warum diese tollen Frauen darauf verzichten, ihre Besonderheit durch ein ganz besonderes Schmuckstück zu unterstreichen. Schmuck ist nicht einfach nur glitzernder Tand, den man sich umhängt oder auch nicht. Astrid Stenzels Schmuckstücke beispielsweise sind handgefertigte kleine Kunstwerke, wunderschöne Objekte: meine Perlen-Kreolen aus massivem 999er Gold zum Beispiel oder breite Ringe mit großen farbigen Cabochons oder Halsketten in Form aufgeschnittener Orangenscheiben ... Ihren eigentlichen Reiz, ja ihren Sinn gewinnen sie jedoch erst an der Trägerin. Ein Schmuckstück soll getragen werden, und es soll sich mit der Trägerin zu einer Einheit verbinden. Es muss zu ihr passen, muss ihren Typ unterstreichen oder ihm auf interessante Weise widersprechen, es soll das Besondere der Trägerin zum Ausdruck bringen und sie zum Leuchten. Dafür hat die Goldschmiedin ein untrügliches Auge, und das ist für sie das Spannende an ihrem Beruf: das Besondere an Frauen zu erkennen und zu betonen. Wie oft würde sie lesbischen Frauen gern mal etwas anderes verkaufen als einen schlichten Ring. Manche Frauen probieren das, was sie ihnen zeigt, auch gern an, finden es schön – aber nicht an sich: „Ach nein, das ist mir viel zu auffällig."

Viele heterosexuelle Frauen haben offensichtlich kein Problem damit, sich auffallend anzuziehen und zu schmücken. Sie haben Lust an schönen Dingen, an Farben, Formen, an Gegenständen, die schön aussehen, die sich angenehm anfühlen und an denen man sich freuen kann. Lesben hingegen ... zuweilen scheint es, als könnten sie sich gar nicht an der Schönheit der Dinge freuen. Neutral gekleidet, gehüllt in ewiges Schwarz oder Grau, schleichen sie durch die Welt, kaum geschmückt, und wenn, dann so, dass es nicht auffällt. Das teuerste Schmuckstück, das die Goldschmiedin je an eine Lesbe verkauft hat, war ein silbernes Halsband. Für einen Dackel. Der glückliche Empfänger wird nun mit einem Unikat um den Hals Gassi geführt. Was wohl sein Frauchen dabei trägt?

Sich selbst schmücken scheint für manche Lesben fast verwerflich zu sein; vielleicht, weil es den puristischen Stil bricht oder die Signale, die die Frau an andere sendet, uneindeutiger macht. Ein wahrer Jammer, findet die Goldschmiedin, die gern mehr für lesbische Kundinnen arbeiten würde. Aber die bleiben lieber beim Dezenten, Vertrauten, eben Unauffälligen. Eine Kundin bat sie einmal, einen ganz dünnen Ring von etwa zwei Millimeter Breite durchzuschneiden und zwei daraus zu machen. Auf den verblüfften Hinweis der Goldschmiedin, dann bleibe aber kaum etwas von jedem Ring übrig, meinte die Kundin, genau das gefalle ihr ja, wenn sie wisse und spüre, sie trage einen Ring, man ihn aber kaum mehr sehe.

Der verborgene Schmuck ... zu wissen, er ist da, aber nicht damit zu protzen; nichts zur Schau zu stellen, sondern ihn als Teil der eigenen Person verstehen. Lesben lieben das. Nicht zuletzt deswegen gehören Ringe – und zwar schlichte, glatte Ringe – zu den bevorzugten Stücken, die Astrid Stenzel an lesbische Kundinnen verkauft, und zwar an Paare wie an einzelne Frauen, die ein Geschenk für ihre Freundin suchen. Dass eine sich selbst einen Ring gönnt, kommt bislang eher selten vor. Ringe sind in unserer Kultur die Schmuckstücke mit dem höchsten symbolischen Wert, außerdem werden sie am ehesten eins mit dem Körper: Man kann sie immer tragen, sogar nachts, bis die Trägerin wirklich nicht mehr zwischen äußerlichem Schmuck und sich selbst unterscheiden muss. Ein großer, auffallender Ring ist da schon etwas komplizierter im Trageverhalten; er kann bei bestimmten Tätigkeiten stören, er kann verloren gehen, weil man ihn an- und ausziehen muss, kurz: Er ist und bleibt ein Objekt, das von der Trägerin verschieden ist, ebenso wie eine Halskette oder lange Ohrringe. Lesben kaufen niemals lange Ohrringe bei der Goldschmiedin, sondern höchstens klassische kleine Kreolen; zuweilen entscheidet sich eine für eine Kette, aber natürlich für eine ganz schlichte. Die ausgefallenen Broschen oder Anstecknadeln, die die Goldschmiedin ihnen vorlegt, werden zwar als Kreationen bewundert, aber nicht gekauft: „Viel zu unpraktisch, viel zu auffällig!"

Das stimmt nachdenklich. Warum haben Lesben eine solche Scheu aufzufallen? Haben sie so wenig Selbstbewusstsein? Oder sind sie im Gegenteil so selbstbewusst, dass sie „es nicht nötig haben"? Sind sie selbstgenügsamer, weil für sie ihre eigene Schönheit und die der anderen nicht von künstlichen Attributen abhängt? Haben lesbische Frauen ein anderes Körperbild, das keine künstlichen Zusätze und Erweiterungen verträgt, sondern sich auf den Körper aus Fleisch und Blut konzentriert? Viele Lesben möchten es sicher gern so sehen, und vielleicht stimmt es sogar. Und möglicherweise wird dieses „andere" Körperbild durch eine ursprüngliche Verweigerungshaltung ausgelöst. Viele Lesben können mit dem „Frauenkram", für sie Geschnörkel und Arabesken, mit all den Attributen traditioneller Weiblichkeit nichts anfangen, weil sie ihnen Heterosexualität zu signalisieren scheinen. Wir kennen das Muster: Frauen schmücken sich, um Männerblicke auf sich zu ziehen, die Ehefrau erhält zur Geburt des Kindes eine wertvolle Halskette geschenkt, die Mätresse wird mit Schmuck überhäuft, weil ihre Schönheit und Sexualität käuflich sind ... Zwar sind das überholte, zum Klischee geronnene Bilder einer Weiblichkeit, die aus dem 19. Jahrhundert stammen und heute längst nicht mehr in Reinkultur vorkommen; dennoch sind solche Vorstellungen zählebig und haften bestimmten Gegenständen wie Schmuck so fest an, dass eine Lesbe sich in der Tat fragen muss, was sie, die sie ganz anders lebt, mit Schmuck anfangen soll.

Bei vielen Lesben bildet sich die Abneigung gegen Schmuck und traditionell feminine Kleider schon viel früher als eine bewusste anti-modische Haltung – nämlich wenn sie noch Kinder sind. Diese Dinge signalisieren ihnen eine Feminität, die ihnen als künstlich, zickig, berechnend oder einfach albern zutiefst zuwider ist. Ich kann nicht glauben, dass Lesben einen anderen Geschmack in den Genen haben – vorstellbar ist aber durchaus, dass der andere Geschmack sich auf der früh einsetzenden Suche nach der eigenen Besonderheit bildet und somit ein unbewusstes Zeichen für Rebellion ist gegen das, was ihnen als Mädchen gesellschaftlich nach wie vor nahegelegt wird. Zugleich aber verengt sich dadurch der Blick auf die kreativen Möglichkeiten, die Mode und Schmuck bieten: die Chance zu spielen, der Welt einen ästhetischen Stempel aufzudrücken, auszuprobieren, aus Vorhandenem etwas Neues zu montieren ...

Vielleicht haben Lesben wirklich ein anderes Körperbild. Und in der Tat kann man beobachten, wie manche Lesben ihre Auftritte ohne Schnickschnack und Schmuck, einzig durch Körpersprache, Gestik, Ausstrahlung, auch durch konsequente Kleidung, zu Events machen, die alle nur wünschenswerte Aufmerksamkeit auf sie ziehen. Lesbische Erotik funktioniert weniger über „Dekoration" als über den bewussten Einsatz von Körper, Blicken, Stimmen. Hier ist eine Konzentration der Mittel zu beobachten, die manche Hetera vor Neid erblassen lassen könnte. Trotzdem wird dadurch schmückendes Beiwerk nicht gänzlich überflüssig. Es unterstreicht selbstbewusste Präsenz – oder lässt eine mäuschenhafte Frau ihre Schönheit überhaupt erst entdecken. Denn frau schmückt sich vor allem für sich selbst. Ihre Freundin verführt sie ganz gewiss nicht mit einem schönen Ohrring; die Freundin nimmt ihn schlimmstenfalls gar nicht mal wahr oder empfindet ihn vielleicht sogar als störend, weil sie aufpassen muss, ihn nicht kaputtzumachen. Aber wenn frau sich mit diesem Ohrring verführerischer fühlt, dann ist sie es auch und strahlt es aus, selbst wenn sie das schöne Stück dann aus praktischen Gründen in bestimmten Situationen ablegen mag. Es kann gut sein, dass ihre Freundin den Ohrring schön findet, aber was sie verführerisch findet, ist nicht der Ohrring, sondern die Art, wie frau mit ihm umgeht, wie er bestimmte Gesten provoziert, wie er sich in ein Gesamtbild einfügt, das die Frau insgesamt verführerisch macht. Mit anderen Worten, frau, auch wenn sie anderen gefallen möchte, schmückt sich erst einmal für sich selbst, und zwar nicht, weil ihr etwas Wichtiges fehlte, was sie ausgleichen oder vertuschen müsste, sondern: weil sie schöne Dinge mag und sie gern an sich trägt. Weil es ihr gefällt, wie die langen Ohrringe an ihren Ohrläppchen baumeln. Weil die Kette ihrer Großmutter gehörte, die sie geliebt hat. Weil sie das Gefühl des kühlen Metalls der Halskette auf der Haut mag. Weil sie das Glitzern von Diamanten wunderschön findet, und was kann man schon mit ihnen anfangen, außer sie als Schmuck zu tragen? Weil das opulente Halsband sie an Märchen aus 1001 Nacht erinnert und eine sonst unsichtbare Seite in ihr zur Erscheinung bringt. Weil ihr ihre Geliebte diesen Ring geschenkt hat. Vielleicht auch, weil sie dieses oder jenes Armband einfach „geil" und sich selbst damit „scharf" findet ...

Meine Ohrringe kaufe ich mir heute noch nicht. Aber ich verlasse den Laden der Goldschmiedin angeregt: weil ich schöne Dinge gesehen habe, die meinen Augen guttun und von denen ich gern das eine oder andere besäße, und weil ich mit einer spannenden Frau ein gutes Gespräch geführt habe. Es ist auffallend, wie schnell man beim Nachdenken und Sprechen über das Thema „Lesben und Schönheit" in Schwarzweißmalereien und alte Klischees verfällt. Merkwürdigerweise bestätigen sich viele Klischees, andere hingegen zerbröseln. Wenn ich zum Beispiel überlege, wie ich die Lesben, die ich kenne, im alten Schema von Butch oder Femme einordnen würde, habe ich bald keine Klassifizierung mehr zur Hand, denn längst funktionieren sie nicht mehr, und die Frauen sind so vielschichtig, dass kaum eine sich mit solchen Kategorien erschöpfend beschrieben fühlen würde. Äußerungen wie „Lesben interessieren sich nicht für Mode" erweisen sich als ebenso zutreffend wie hinfällig, je nachdem, welche Lesben welchen Alters und welcher sozialen Schicht man in welcher Stadt fragt. Das Klischee der Lesbe im Einheitslook stimmt zwar; man sieht solche Lesben allenthalben: verhärmte graue Mäuse, androgyne Gestalten, Frauen im unauffälligen Zwillingslook. Gleichzeitig gibt es die hippen jungen Lesben im bauchfreien Top mit hautengen Hosen, die extrem modisch orientiert sind; gibt es elegante ältere Lesben im Kaschmirkostüm und Jil-Sander-Mantel, Vamps im Minirock mit Netzstrümpfen, feuerrot gewandete Diven oder auch durchgestylte Lesben in Herrenanzug und Krawatte, die trotzdem nicht „männlich" aussehen. Es gibt die unzähligen Lesben, die man nicht sieht, weil sie nicht als Lesben zu identifizieren sind und die folglich als Heteras durchgehen, wenn man sie nicht zufällig persönlich kennt. Es gibt solche, die mit traditionellen Frauenrollen große Schwierigkeiten haben und das nach außen sichtbar machen wollen und müssen, und andere, denen Rollenfragen völlig gleichgültig sind, weil sie ihren eigenen Weg gefunden haben, auf dem sie alles miteinander verbinden können, was ihnen gefällt, ohne damit ihr Lesbischsein zu verraten. Die Vielfalt lesbischer Lebens- und Kleidungsstile macht es unmöglich, das Thema „Lesben und Schönheit" erschöpfend oder auch nur verbindlich darzustellen – aber das genau ist der Grund dafür, es endlich anzugehen.

Lesben, Schoenheit und Mode

Lesbische Modenormen

In einem witzigen amerikanischen Ratgeber zum Thema „Wie werde ich Lesbe?" (*So You Want to Become a Lesbian?*, 1996) ist auch von dem passenden Outfit die Rede, und als „Must-Haves" werden unter anderem schwere schwarze Schuhe, eine Levi's 501 und Boxer-Shorts genannt. Das bringt eine wie mich mit meinem bauschigen Yamamoto-Kleid, der bestickten Handtasche, dem 20er-Jahre-Hut, aber keinem der aufgezählten In-Objekte (auch wenn ich schon lange mit einer schwarzen Lederjacke liebäugele) ziemlich in die Bredouille: Bin ich vielleicht keine richtige Lesbe? Oder habe ich vielleicht einfach keinen modischen Verstand? Es tröstet mich etwas, wenn unter den Accessoires, die frau eventuell besitzen sollte, ein Cocktailkleid genannt wird, denn „es wird den Leuten eine verspielte Seite an dir zeigen, die unter der Lederjacke nicht so leicht zu erkennen ist". Diese Idee ist deshalb so überzeugend, weil sie sich nicht um die übliche starre Einteilung der Lesben in solche, die nur Hosen tragen, und denen in Kleidern kümmert. Statt dessen spielt sie mit den unzähligen und oft überraschenden Möglichkeiten der Mode – die auch Lesben immer genutzt haben und heute mehr denn je nutzen. Denn entgegen dem, was das öffentliche Vorurteil behauptet, war lesbischer Stil nie vollkommen einheitlich, sondern immer abhängig von regionalen und internationalen Einflüssen, von solchen aus den Subkulturen und solchen aus der Mainstream-Mode. Dennoch gibt es natürlich so etwas wie typisch lesbische Trends. Diese werden mit unmissverständlichem Bezug auf einen bestimmten Lebens- und Liebesstil von einer in gewissem Sinne „kulturtragenden" Schicht lesbischer Frauen favorisiert und zur Norm gemacht – zu einer Norm, die sich übrigens nicht „modisch" nennt, sondern sich als einer „anderen" als der gängigen heterosexuellen Identität angemessene und/oder als politisch korrekte Strategie der Identifizierung versteht. Das daraus resultierende Gefühl für Identität und Zugehörigkeit, die Erkennbarkeit untereinander sowie die Abgrenzung nach außen sind entscheidende Faktoren in der Ausbildung und Wirkung solcher Kleider- und Verhaltensstile – eine für alle sogenannten Subkulturen charakteristische Strategie. Es gibt mithin typisch lesbische Vorlieben und Abneigungen, die nicht von allen geteilt werden – aber ihre Geschichte haben.

MAENNLICHE SEELE IM WEIBLICHEN KOERPER IN MAENNERKLEIDERN ...

In den Texten der Sexualwissenschaftler des 19. und frühen 20. Jahrhunderts finden sich die ersten ausdrücklichen Beschreibungen vom Äußeren und vom Charakter lesbischer Frauen. Die Sexualwissenschaft war in der zweiten Hälfte des 19. Jahrhunderts entstanden und hatte es unternommen, alle möglichen, auch die sogenannten abweichenden Formen von Sexualität zu klassifizieren. Man spricht manchmal etwas flapsig von der „Entdeckung der Homosexualität" in jenen Jahren, da es vorher noch keine festen Kategorien für das Phänomen gab. Die beiden zentralen Punkte in der medizinischen Diskussion sind zum einen die These, Homosexualität sei (meistens) angeboren, und zum anderen die Behauptung, viele Homosexuelle, ob männlich oder weiblich, besäßen Eigenschaften des entgegengesetzten Geschlechts, die sich nicht nur im Verhalten, sondern auch in der äußeren Erscheinung manifestierten. Richard von Krafft-Ebing schildert in seiner *Psychopathia sexualis* (1886) einige weibliche Fälle von „Invertiertheit", für die charakteristisch sei: ihre bereits als Kind ausgeprägte Vorliebe für Beschäftigungen des anderen Geschlechts in Verbindung mit einer Ablehnung typisch weiblicher Tätigkeiten; ein ausgeprägter Sinn für die Wissenschaften in Verbindung mit einer Abneigung gegen weibliche Kleidung, Parfum und Näschereien; eine Vorliebe für männliche Sportarten, männliche Kleidung und Haartracht, für Trinken und Rauchen; der Wunsch, ein Mann zu sein – kurz, sie haben eine „männliche Seele im weiblichen Busen" und sind „Mannweiber, die an dem ewig Weiblichen irre werden lassen." Einige näherten sich nicht nur in der äußeren Aufmachung, sondern sogar in Körperbau, Gesichtstypus und Stimme dem anderen Geschlecht an. Ein solcher Fall ist der bei Krafft-Ebing ausführlich beschriebene Graf Sandor, der in Wahrheit eine Gräfin Sarolta war. Vom Vater als Knabe erzogen, weigerte sie sich später, Frauenkleidung zu tragen. Ihre ganze physische Erscheinung ist denn auch so durch und durch „männlich", dass niemand auf die Idee kommt, sie könne kein Mann sein: Sie hat kaum Taille und ein männlich schmales Becken. Ja sogar ihre Handschrift ist „echt männlich. Sie ist religiös, hat lebhaftes Interesse für alles Edle und Schöne, ausgenommen für Männer, ist sehr empfänglich für die Werthschätzung seitens anderer." Gräfin Sarolta wird in dieser Fallbeschreibung geradezu zur weiblichen Konträrsexuellen schlechthin, einer Frau, die immer frustriert sein wird, weil sie nicht sein kann, was sie sein möchte: Mann. Lesbischsein drückt in dieser sexualwissenschaftlichen Perspektive kein originäres Begehren einer Frau nach einer Frau aus, sondern einen Widerspruch zwischen dem, was als Natur gilt, und der individuellen Psyche; einen Neid, den Männer, die sich für das Zentrum der Welt halten, Frauen oft unterstellen (bei Freud heißt das „Penisneid") und von dem man sich fragen kann, warum ausgerechnet Lesben ihn empfinden sollten, die doch Frauen lieben ...

Abenteurerinnen

Der Wunsch mancher Frauen, sich männlich zu kleiden, wurde von den Sexualwissenschaftlern als Zeichen einer angeborenen Anomalie diagnostiziert (als Ausdruck einer „eigentlich" männlichen, das heißt lesbischen Identität einer Frau). Während der Jahrhunderte zuvor hingegen war die Praxis, sich als Mann auszugeben, oft schlichte Überlebensnotwendigkeit gewesen. Wie viele Frauen als Männer mit einer anderen Frau in einer Art Ehe zusammenlebten, wissen wir nicht, weil nur einige entdeckt wurden. Sie wurden hart bestraft, manchmal sogar mit dem Tode. Aber nur auf diese Weise konnten Frauen, die sich liebten, überhaupt miteinander leben: Vor dem 20. Jahrhundert lebten Frauen (außer im Kloster) nicht ohne Mann (Vater, Ehemann, Bruder) mit anderen Frauen zusammen, geschweige denn ganz allein. Sie hätten ihren Unterhalt nicht verdienen können, da es für Frauen ja kaum eigenständige Erwerbstätigkeiten außerhalb der familiären Betriebe oder notfalls in einer fremden Familie (als Dienstmädchen etwa) gab, und sie wären ihres Lebens niemals sicher gewesen. Lesbische Beziehungen gab es per definitionem ohnehin nicht, und so blieb Frauen, die miteinander leben wollten, kaum etwas anderes übrig, als das nach dem Modell eines heterosexuellen Paares zu tun. Manche dieser Frauen fühlten sich ohnehin in Männerkleidern und in männlichen Berufen wohler, weil ihnen – wie heute noch vielen Lesben – die traditionelle weibliche Rolle mit all ihren Abhängigkeiten zuwider war. So floh die spanische Nonne Catalina de Erauso im 17. Jahrhundert aus dem Kloster, um fortan als männlicher Soldat in Südamerika ein Abenteuerleben zu führen; sie soll auch Beziehungen zu Frauen gehabt haben. Kurz: Ein einigermaßen eigenständiges Leben war in bestimmten Phasen der europäischen Geschichte nur für Männer möglich, Männerkleidung symbolisierte Freiheit und Autonomie – kein Wunder, dass Frauen sich verkleideten, vor allem solche, die ohnehin der Norm „irgendwie" nicht entsprachen und dagegen rebellierten. Und kein Wunder, dass daraus der Mythos entstand, Lesben wären verfehlte Männer und in einer lesbischen Beziehung gäbe es immer eine Frau und einen Mann. Denn jahrhundertelang galt es als unverbrüchliche Norm, dass sexuelle Anziehung grundsätzlich nur zwischen einem männlichen und einem weiblichen Part möglich sei.

Manschetten und Monokel

Die traditionelle „Männlichkeit" von Lesben ist mithin kein Charakterzug, sondern nichts weiter als eine gesellschaftliche Norm, der sich Lesben in Ermangelung anderer Modelle unterordneten. So bestimmte das Modell, dem das heterosexuelle Paar als Maß aller Dinge zugrunde lag, die Bilder und auch die Selbstbilder von Lesben für geraume Zeit – und folglich auch ihre Vorstellung von Schönheit. Stephen Gordon in Radclyffe Halls Klassiker *Quell der Einsamkeit* (1928) legt davon ebenso beredt Zeugnis ab wie Beschreibungen des Berliner Lesbenlebens der 20er Jahre in einschlägigen Zeitschriften oder in dem Bändchen *Berlins lesbische Frauen* von 1928, das Adele Meyer in *Lila Nächte* wieder ausschnittweise zugänglich gemacht hat. Hier ist die Rede von den „virilen Frauen" und deren „angeborener Ritterlichkeit", von der eleganten „Schlichtheit im Anzug" der gewöhnlich kurzhaarigen lesbischen Frauen. In der Öffentlichkeit kleiden sie sich gern in ein schwarzes Tuchkostüm, „bestehend aus engem, glattem Rock und herrenartigem Jackett, [...] darunter eine seidene Hemdbluse mit Kragen, Manschetten und Schlips, wozu sich neuerdings das obligate Monokel gesellt, eine kleine Extravaganz, die selbst in der vornehmen Bürgergesellschaft Eingang gefunden hat." (S. 17) Abends indessen, wenn man in einschlägigen Clubs und Bars unter sich ist, kann frau auch in „Tracht", also in Männerkleidung erscheinen; die „große Toilette" jedoch sei selbst für die femininen Frauen verpönt. Die „männlichen" Lesben haben in dieser zeitgenössischen Darstellung gewöhnlich einen Beruf, oft einen kreativen, wie man heute sagen würde, während viele der femininen Frauen keinen echten Beruf, in der Regel höchstens einen „Erwerb" hätten. Oder sie seien Masseusen, Friseurinnen, Schneiderinnen, hätten also typische Frauenberufe, die sie – so wird unterstellt – nutzten, um andere Frauen kennenzulernen ... Die femininen Lesben werden von ihren Geschlechtsgenossinnen offensichtlich ähnlich eingeschätzt und beurteilt wie heterosexuelle Frauen in der traditionellen patriarchalen Gesellschaft; die Rollenverteilung zwischen der „männlichen" und der „weiblichen" Lesbe erscheint ebenso klar wie die zwischen einem Mann und seiner Frau oder Freundin, wie der Soziologe Georg Simmel sie

1911 analysierte: Der männlichere Part hat den aufregenden Beruf und folglich ein Desinteresse an Äußerlichkeiten wie modischer Kleidung; die „Ehefrau" muss die Ereignislosigkeit ihres Lebens mit Mode ausgleichen. Die später „Femmes" genannten Lesben demonstrieren ihre materielle und intellektuelle Unterlegenheit durch ihr traditionell weibliches hübsches Äußeres und Verhalten. Sie suchen sich ein quasi männliches Gegenüber als Beschützerin. Die maskulinen Lesben hingegen stellen souveräne Überlegenheit zur Schau (und erzeugen diese in der Inszenierung überhaupt erst). Sie sind schön, wenn sie schlicht im männlichen Stil gekleidet sind, kurze Haare tragen und nicht geschminkt sind; ein herbes Gesicht gilt an ihnen als ästhetisch und erotisch attraktiv. Eine klassisch feminine Aufmachung würde an ihnen als störender Widerspruch wahrgenommen werden, weil sie ihrer „Natur" und ihrer Funktion gegenüber den Femmes nicht gerecht würde.

Lesbisches Begehren

Während die Einteilung von Lesben in „echte", männliche und nicht ganz echte, feminine heute längst hoffnungslos démodée ist (und erst recht die Idee, Lesben imitierten heterosexuelle Beziehungsmuster), so hat sich doch der Typus der herberen, vielleicht nicht gerade männlichen, aber eben in keinem Fall traditionell weiblich aussehenden Lesbe als eine Art Norm durchgesetzt. Sie ist sowohl durch andere Lesben wie auch durch die Außenwelt identifizierbar; sie gilt folglich als Inbegriff der Lesbe und ist als solche in lesbischer Perspektive schön. Nicht etwa, weil sie „männlich" wäre: Das vordergrün-

dig Maskuline an ihr ist das sichtbare Zeichen dafür, dass sie Frauen begehrt. Denn dass kaum eine Lesbe (außer den derzeit modischen Drag Kings) Männer imitiert oder gar Mann sein will, ist längst ein Gemeinplatz. Sich männliche Vorrechte anmaßen – ja, das wohl. Auch männliche Kleidung und überhaupt Elemente des männlichen Stils übernehmen, klar. Denn wer sagt denn, dass alles, was männlich ist, deswegen gleich hässlich sein muss? An einer Frau kann es großartig aussehen. Und an einer Frau verwischt es auf wundervolle Art die starren Einteilungen in zwei und nur zwei Pole: Männlichkeit und Weiblichkeit; eine Einteilung, die ja die heterosexuelle Welt in ihrem eigenen Interesse erfunden hat. Die Ambivalenz, die ein Mensch ausstrahlt, der entgegen der starren binären Norm weder ganz weiblich noch ganz männlich aussieht, besitzt eine starke Anziehungskraft, die sehr erotisch sein kann. Die bisexuelle Schriftstellerin Colette hat das in ihrem Roman *Diese Freuden* (1941) in den Satz gefasst: „Das Verführerische, das von einem Wesen ungewissen oder verheimlichten Geschlechts ausgeht, ist mächtig." Colettes ganzes Buch ist ein Hymnus auf die erotische Ambivalenz, die für sie Verführungskraft schlechthin ist. Das Ungewisse weckt Begehren und hält Begehren lebendig. Diese Idee von der Ambivalenz als größtem erotischem Reiz ist auch heute noch ausgesprochen überzeugend, und sie vermag nicht nur die Vorliebe vieler Lesben für eine androgyne Selbststilisierung zu erklären, sondern auch die Bedeutung der Butch-Femme-Konstellation als erotische Kultur, in der mit den Rollen gespielt werden kann, die nicht mehr als starr festgelegt aufgefasst werden.

Die Butch als Accessoire

Eine Frau, die traditionell feminin aussieht (lange Haare, Make-up, Kleider, Accessoires und Körpersprache), hat es in bezug auf Ambivalenz etwas schwerer als androgyne Frauen oder Butches, denn auf den ersten Blick ist sie ja nicht von einer Hetera unterscheidbar, so dass ihr Ambivalenz zu fehlen scheint. Aber diese kommt in dem Moment ins Spiel, wenn man ihr „irgendwie" anmerkt, dass sie sich „feminin" nicht für Männer inszeniert. Leider merken das auch Lesben oft erst, wenn die feminine Frau in der Begleitung einer eindeutig lesbischen Frau ist (was dann in der Regel einer „maskulinen Frau" bedeutet – ein eigentümliches Klischeedenken ist mithin auch in Lesben tief verwurzelt). Das Wissen um die erotische Identität ihres Gegenübers kann also den Blick von Frauen auf andere Frauen verändern, was ein Indiz dafür ist, dass Wissen unsere Wahrnehmung und vor allem unser Urteil färbt. Das gilt natürlich auch für den umgekehrten Fall: Was passiert, wenn eine Frau, die eine maskuline Lesbe zu sein schien, sich als hetero entpuppt: Wäre sie dann für lesbische Augen noch schön? Ist nicht vielmehr das, was Lesben an anderen Lesben schön finden, eben deswegen schön, weil sie Lesben sind?

Femmes

Feminine Frauen, denen man ihre sexuelle Orientierung nicht gleich ansieht und die sich trotzdem als vollkommen lesbisch verstehen, gibt es, solange es Lesben gibt. Es sei erinnert an die berühmte Natalie Barney und ihren Kreis im Paris der 20er Jahre. Natalie Barney war alles andere als eine maskuline Frau, und sie zeigte auch keine besondere Vorliebe für maskuline Frauen, sowenig wie die Schriftstellerinnen Colette oder Renée Vivien. Diese Frauen machten schon damals unmissverständlich klar, dass Lesbischsein nichts mit heterosexuellen Mustern oder gar mit Männlichkeit zu tun hat, sondern dass es im Gegenteil Weiblichkeit par excellence bedeutet. Natalie Barney hatte viel bewundertes, langes blondes Haar, das sie immer gern in Szene setzte. Sie liebte stoffreiche Gewänder und auch zuweilen Maskeraden, die erotische Ambivalenz suggerierten; grundsätzlich trug sie aber weibliche Kleidung. Dennoch wird Nathalie Barney in der Literatur immer wieder in Begriffen charakterisiert, die eher auf männliche Modelle verweisen: als Verführerin, als weiblicher Don Juan oder Casanova etwa. Es gibt auch das weibliche Gegenstück dazu, die Femme fatale nämlich; trotzdem ziehen ihre Biographen es anscheinend vor – vielleicht gar nicht mal absichtlich-bewusst –, eine gewisse Männlichkeit Barneys zu suggerieren: Denn muss das nicht bei Lesben so sein, dass die eine männlich, die andere weiblich ist? Tatsächlich führt Natalie Barney ein anderes Rollenverständnis vor, das sich im Mann-Frau-Schema nicht fassen lässt. Sie braucht das heterosexuelle Modell nicht, um ihre Identität zu beschreiben. Sie ist Lesbe, und das heißt: ganz und gar Frau, die ebenso weibliche Frauen liebt und begehrt. Insofern ist Natalie Barney subversiv: eine subversive Femme (fatale), die als Typus im sexualwissenschaftlichen Diskurs gar nicht vorgesehen war. Schule gemacht hat sie jedoch nicht. Dazu war das Modell der androgyn-männlichen Lesbe zu plakativ und nicht zuletzt deswegen auch für lesbische Frauen zu verführerisch: als Ausdruck eines anderen Begehrens und als deutliches Erkennungszeichen für andere Lesben, was ja in einer durch und durch heterosexuellen Welt, in der die meisten Lesben „in the closet" lebten, auch ziemlich wichtig war. Und trotzdem – oder gerade darum – war dieser Typus in den Augen der heterosexuellen Umwelt vielleicht sogar letzten Endes ungefährlicher: Denn der androgynen oder „maskulinen" Lesbe sah man ja an, dass sie „anders" war; man konnte sie folglich leichter ausgrenzen und damit ungefährlich machen – oder ihr konzedieren, dass die Arme ja eigentlich gern ein Mann wäre, dass sie nichts lieber leben würde als eine traditionelle heterosexuelle Ehe. Das lesbische Paar kann dann bedauert werden, weil es das Pech hat, der vorgeblichen Norm biologisch nicht zu entsprechen; die Norm selbst (Heterosexualität und Ehe) wird vollkommen bestätigt, nicht etwa in Frage gestellt.

BUTCH UND FEMME

Radclyffe Halls 1928 veröffentlichter, zum Lesbenklassiker avancierter Roman *Quell der Einsamkeit* verdankt sich dem Impuls, bei den Heterosexuellen um Verständnis zu werben und dabei durchaus auch auf ihr Mitleid zu spekulieren. Voraussetzung dafür ist nicht nur die Sehnsucht nach den Identitätsmodellen und dem Lebensstil der Heterosexuellen, sondern auch deren Imitation. Nur ein Paar, das aus einem männlichen und einem weiblichen Part besteht, kann diese Norm bestätigen. Genau aus diesem Grund sind homosexuelle Paare, die aus einem „männlichen" und einem „weiblichen" Teil bestehen, für das Selbstbild der Heterosexuellen letztlich notwendig. Das macht aufs schönste deutlich, was die Theoretikerin Judith Butler in den 90er Jahren mit ihrem Argument meint, die Heterosexualität benötige die Homosexualität, weil sie nur durch die Konstruktion des Anderen, Ausgeschlossenen sich selbst als Norm und als Original zu setzen und immer wieder zu bestätigen vermag. Mit anderen Worten: Die Heterosexualität brauche die Homosexualität, um sich als das „Eigentliche", „Ursprüngliche", „Natürliche" von ihr abzusetzen. Sie produziere also die Homosexualität als Kategorie abweichenden Verhaltens. Wenn dann Homosexuelle – etwa das Butch-Femme-Paar – heterosexuelle Beziehungsstrukturen kopierten, kopierten sie kein „Original", sondern nur die Idee eines Originals: nämlich die Idee einer vorgeblich ursprünglichen, „natürlichen" Heterosexualität, die auf der strikten Einteilung der Geschlechter in „weiblich" und „männlich" basiere und zur Norm menschlichen Verhaltens erklärt werde. Das heiße aber, es gebe keine Originale, sondern immer nur Kopien von Kopien. Wenn es aber keine Originale, also keinen „ursprünglichen" Zustand der Dinge gibt, dann folgt daraus, dass Zweigeschlechtlichkeit (es gibt nur Frauen und Männer und sonst nichts) und Heterosexismus (Sexualität bedeutet immer Sexualität zwischen Frauen und Männern) nicht der originale und unveränderliche Zustand der Dinge sind, sondern nichts weiter als Ideen oder besser gesagt: kulturelle Normen, an die die meisten Gesellschaften sich anpassen. Das biologische Geschlecht („sex") kann in dieser Perspektive nicht als der Ursprung unserer Identität gelten, die wir mit unserer Geschlechtsidentität („gender") ausdrücken, sondern es entpuppt sich als nachträgliches Konstrukt, dem die Geschlechtsidentität vorausgeht.

Wenn das Butch-Femme-Paar das vermeintliche heterosexuelle Original als Kopie entlarvt – als Kopie nicht eines Originals, sondern einer Idee von heterosexueller Normalität, die immer wieder re-inszeniert werden muss, um sich ihrer eigenen Natürlichkeit und Gültigkeit zu versichern –, dann ist die vermeintliche Imitation durch Homosexuelle in Wahrheit selbstbewusst-subversiv; der „klassische" (sprich: herb-maskuline) Typus der Lesbe ist nicht mehr bedauernswert, da ein verfehlter Mann, sondern eine souveräne Spielerin ihrer eigenen Identität und zugleich ironische Gesellschaftskritikerin. Wer in dieser Theorie erneut unter den Tisch fällt, sind wieder einmal die femininen Lesben, außer wenn sie – ganz traditionell – als Teile eines Paars auftreten. Für Femmes gibt es keine Rettung, weder theoretisch noch praktisch ...

TRANSGENDER

In den 20er Jahren bildete sich, zumindest in den Metropolen, eine eigenständige lesbische Kultur heraus; zugleich näherten sich das Schönheitsideal des Mainstream und das der Lesben einander an. Der schlichte, schnörkellose, jugendliche Stil, die Orientierung der Mode an männlichen Formen und die Nähe zum modernen Design kam erstmals in der Geschichte der Mode lesbischen Vorlieben entgegen. Der Faschismus in Europa und der Zweite Weltkrieg vernichteten diese eigenständige lesbische Kultur systematisch; Lesben wurden wieder unsichtbar. Erst in den 50er Jahren entstand, vor allem in den Arbeiterstädten der USA, eine neue Subkultur, die sich deutlich vom Mainstream absetzte. Sie war vor allem gekennzeichnet durch das Wiederaufleben der weiblich-männlichen Rollenmodelle: Butch und Femme wurden zum Inbegriff des lesbischen Paares, ja fast zur Norm. Leslie Feinberg beschreibt in *Träume in den erwachenden Morgen* den unbändigen Drang ihrer Heldin, Männerkleider zu tragen, weil sie nicht in Frauenkleider gehört, sich nicht „weiblich" fühlt, anders ist und auch so behandelt wird. Sie wächst auf mit dem Refrain im Ohr: „Ist das ein Junge oder ein Mädchen?" Erst als fast Erwachsene findet sie in der lesbischen Barkultur eine vorläufige Heimat und eine vorläufige Identität. Sie entdeckt, dass ihr Wunsch nach Männerkleidern der Ausdruck ihrer wahren Identität als Butch ist; nur in Jeans und Hemd oder Anzug und Krawatte ist sie sie selbst. Und eine Butch braucht eine Femme, die Kleider und High Heels trägt, sich schminkt und der Butch die Krawatte zurechtrückt (eine Geste, die im Roman öfter vorkommt und zum intimen Symbol der Beziehung zwischen Butch und Femme wird). Die Butches arbeiten körperlich, auf Baustellen, in Fabriken; die Femmes sind oft Prostituierte. Die ökonomische Lage, die äußere Erscheinung und Sexualität gehen in dieser Paarkonstellation eine unauflösliche Symbiose ein. Butch und Femme symbolisieren Andersartigkeit und Widerstand in einer Welt des politisch rechten Traditionalismus und des schieren Materialismus; sie garantieren die Eigenständigkeit der lesbischen Kultur. Eine Butch ist weder Frau noch falscher Mann, sondern eben eine Butch, und ihre Anzüge bringen das sinnfällig zum Ausdruck. Das war gefährlich; Leslie Feinbergs Roman beschreibt eindringlich die unerträglichen Schikanen durch die Polizei, denen die Butches ausgesetzt waren. Übrigens schrieb das Gesetz vor, dass ein Mensch mindestens drei Kleidungsstücke tragen musste, die seinem biologischen Geschlecht entsprachen; besonders harte Strafen drohten also denjenigen Frauen, die in hundertprozentiger Männerkleidung erwischt wurden. Feinbergs Protagonistin wird im Laufe der Jahre auch diese Identität zu eng; sie wird (wie die Autorin selbst) zu einem „Transgender Warrior", die sich keinem Geschlecht mehr einordnen will, sondern auf die Suche geht nach dem ganz anderen, das sie ist: „s/he", wobei sie sich äußerlich männlichen Körper- und Kleidernormen annähert. Vielleicht scheinen diese mittlerweile aufgrund der allgemeinen modischen Entwicklung der letzten einhundert Jahre doch geschlechtsneutraler?! Was man wohl sagen kann, ist, dass männliche Kleidung nicht nur Freiheit symbolisiert, sondern durch ihre Nähe zur funktionalen Schlichtheit des modernen Designs auch Modernität; und manche Liebhaberin von Männerkleidung behauptet, dass diese mehr vor Geschmacksverirrungen bewahre als die ständig wechselnden Frauenstile. Wenn frau allerdings an die Krawatte denkt, kommen einer doch deutliche Zweifel an solchen Thesen.

Blaustruempfe und Elvis-Imitate

Beliebt war in den 50er Jahren bei „maskulinen" Lesben der Elvis-Look: Wichtig daran die Haartolle und die engen Hosen und spitzen Schuhe. Wie so oft in der Geschichte der Mode konnten die meisten Lesben, auch die, die sich nicht männlich stylten, die üppigen Rüschen, Spitzen, Unterröcke, Mieder nicht ausstehen, in denen viele modische Mainstream-Frauen nach dem Krieg schwelgten: in dem von Christian Dior lancierten New Look mit seiner neuen Opulenz, seiner Figurbetontheit, seiner luxuriösen Feminität. Lesbische Frauen favorisierten demgegenüber eher den strengen, funktionalen und korrekten Stil, der als Symbol von Emanzipation die 20er Jahre überdauert hatte; dem Klischee zufolge waren sie am ehesten an ihren strengen, männlich geschnittenen Kostümen, möglichst „vernünftigen" Schuhen und eventuell Brille zu erkennen; das war der einzige für Frauen als Frauen mögliche Stil, der der erneut zunehmenden Verweiblichung der Mode einen gewissen Widerstand entgegensetzte. Der so auftretende Typ der Lesbe fiel dann wiederum zuweilen zusammen mit dem Typ des Blaustrumpfs, seit Ende des 19. Jahrhunderts populäres Abschreckungsbild für junge Mädchen: Eine Frau, die an Bildung interessierter war, als die Geschlechternorm es vorsah, wurde als unweiblich diffamiert. Diese Unweiblichkeit zeigte sich, wie sollte es anders sein, in der Vernachlässigung ihres Äußeren: Eher hässlich und schlecht frisiert, trägt sie dazu noch Brille (Inbegriff der Unsinnlichkeit auch im Film!), sie ist völlig desinteressiert an Mode, wählt ihre Kleidung nur nach funktionalen Gesichtspunkten aus; sie prunkt statt mit ihrer Schönheit mit ihrem Verstand und schreckt damit die Männer ab. So das populäre Vorurteil. Und die Realität? Frauen, die studierten, zogen sich in der Tat funktional an, um mit ihrem Geschlecht nicht von ihrer Arbeit abzulenken, und auch weil ihnen die Zeit (und häufig das Geld) fehlte, die zur Zeit des Jahrhundertbeginns wie in den 50er Jahren ziemlich aufwendige Kleidung anzulegen; die hätte sie darüber hinaus in ihrer Bewegungsfreiheit gehindert. Das Bild des Blaustrumpfs fällt jedenfalls nicht von ungefähr mit dem der Lesbe zusammen; beide Typen sind selbstbewusst, widersetzen sich den Beschränkungen der traditionellen Frauenrolle wie der Abhängigkeit von Männern und suchen eigene Zugänge zur Welt.

Und tatsächlich waren viele Blaustrümpfe lesbisch; zu den ersten Frauen, die zu Beginn des 20. Jahrhunderts studierten, gehörten nicht zufällig viele Lesben. (Ein schönes literarisches Zeugnis dafür ist der 1901 erschienene kurze Roman *Sind es Frauen?* von Aimée Duc.)

KINDCHENSCHEMA UND FEMINISTISCHE ANTI-MODE

In den 60er Jahren veränderte sich die Mode in Europa grundsätzlich. Sie wurde zwar bunter, aber nach den modischen Schwelgereien der Nachkriegszeit auch wieder viel schlichter: Die kastigen Formen ohne Schnörkel und Zierat kamen lesbischen Bedürfnissen nach Schlichtheit ebenso entgegen wie der Trend zur Hose, die langsam gesellschaftsfähig wurde, und die Kurzhaarschnitte. Ähnlich wie schon in den 20er Jahren nähern sich tendenziell die allgemeine Mode und der lesbische Stil einander an; charakteristisch für beide Zeitstile und vielleicht auch für den lesbischen Stil ist die Betonung von Jugendlichkeit. Denn es fällt auch heute noch auf, dass Lesben selten ihren Stil nach Alter differenzieren (außer die ganz jungen); sie kleiden sich eher in dem alters- und geschlechtsneutralen Stil, der seit einigen Jahrzehnten für den bequemen westlichen Kleidungshabitus typisch geworden ist, weil ihn alle tragen können, vom Kleinkind bis zur Siebzigjährigen: Hose, Pulli oder T-Shirt, Weste, Turnschuhe. Das ist die lesbische Variante des Jugendkults in unserer Gesellschaft.

Sie hat einen Ursprung in den 70er Jahren, in denen schließlich aus dem Feminismus bzw. zeitgleich mit diesem die berühmteste Version dessen entstand, was man gern als typisch lesbischen Stil bezeichnet, der eigentlich vor allem ein Klischee ist. Feministinnen und lesbische Feministinnen trugen identische Outfits: Latzhosen (am liebsten lila), schlampige Haare ohne erkennbaren Schnitt, Nickelbrillen, Clogs, Birkenstocks. Natürlichkeit war das Gebot der Stunde, das für die politisch korrekte Feministin den Verzicht auf Schminke, Haarefärben, akkurate Haarschnitte (tatsächlich ließ frau ihr Körperhaar überall ungehindert sprießen) und angeblich einschränkende Unterwäsche wie BHs bedeutete – ein Verzicht, den viele Lesben schon immer geleistet hatten und der für sie keinen Verzicht darstellte, sondern ein Bedürfnis. Der vermeintlichen Befreiung des Körpers zu sich selbst parallel sollte die Befreiung der Frauen aus jeder Form der Unterdrückung und vor allem vom Status des Sexualobjekts für Männer gehen; auch das ein Bestreben, das für Lesben ganz normal war. Doch die einheitliche Kluft darf nicht darüber hinwegtäuschen, dass es zwischen „Feministinnen" und „lesbischen Feministinnen" bekanntlich enorme Unterschiede und Auseinandersetzungen gab. Manche Feministin entschied sich zwar aus politischen Gründen, lesbisch zu leben, weil nur auf diese Weise die Verweigerung gegenüber den Männern wirklich praktiziert werden konnte; andere hingegen lehnten die These, dass Feminismus die Theorie und Lesbianismus eine Praxis sei, vehement ab. Sie fürchteten, die allzu große Sichtbarkeit der Lesben stelle eine Gefahr für die Errungenschaften des Feminismus dar (man könnte sie ja in einen Topf werfen). Radikale Lesben wiederum bestanden darauf, dass Lesbianismus nicht nur eine sexuelle Orientierung sei, sondern vor allem eine Lebensform und eine politische Haltung, die potentiell allen Frauen offenstehe – eine Haltung, die natürlich auch äußerlich sichtbar gemacht werden müsse. Daraus entstand eine Anti-Mode, die wie alle Anti-Moden der Mode verhaftet blieb, indem sie sich stets auf sie bezog – ja die selbst bald zur Mode wurde, weil sie dem zunehmenden Trend zur Bequemlichkeit und Formlosigkeit in allen Bereichen des privaten und öffentlichen Lebens entgegenkam. So verlor ein ursprünglich politisch gemeinter Anti-Stil, der die Frauen davon zu befreien suchte, sexuelle Objekte für Männer zu sein, seine emanzipatorische Bedeutung und wurde zum lässigen (zuweilen auch schlampigen) Look für alle, die keine Lust haben, ihrem Äußeren ein paar Gedanken, Zeit und ein wenig Mühe zu widmen, was ja immer auch Disziplin voraussetzt. Vermutlich sind längst ebenso viele heterosexuelle Frauen modisch neutral wie Lesben, das heißt, sie interessieren sich wenig für Mode, putzen sich nicht besonders heraus, sondern tragen das, was sich im Alltag als praktisch und strapazierfähig erwiesen hat und was darüber hinaus möglichst nicht auffällt und die Frau in keinem Fall ins Zentrum der Aufmerksamkeit stellt: Jeans, T-Shirt und Pullover zum Beispiel, dazu wenig oder gar kein Make-up und einen (mehr oder – meistens – weniger guten) Kurzhaarschnitt. Jeans und Turnschuhe sind längst gesellschaftsfähig und aus dem Alltag nicht mehr wegzudenken. Die sogenannte sexuelle Orientierung lässt sich den vielen Frauen, die so aussehen, keineswegs immer ansehen, und so passiert es oft genug, dass man als Betrachterin eine Frau für potentiell lesbisch hält, nur weil sie den seit mehr als dreißig Jahren modernen Einheitsstil (bzw. mittlerweile längst oft Nicht-Stil) trägt. Wenn man das androgyn nennt, verwechselt man langweilige Geschlechtslosigkeit mit einer potentiell durchaus reizvollen geschlechtlichen Ambiguität ... und mit Emanzipation hat das, wie gesagt, schon lange nichts mehr zu tun. Für lesbische Frauen gilt das ebenso wie für heterosexuelle: Dieser berüchtigte Einheitsstil, lesbisch oder nicht, ist freudlos und grau, oft gescholten, aber nicht totzukriegen, und ganz gewiss kein politisches Statement – dazu bedarf es heute anderer Mittel und in jedem Falle mehr Phantasie.

Modische Dauerbrenner

Für manche Lesben sind richtige Männerkleider indessen weiterhin ein regelrechtes Identitätsprogramm. In einem Männeranzug verschwindet so manche normale Lesbe, weil er ihr zu groß ist, aber er kann sie auch wuchtig erscheinen lassen, weil er ihr Volumen verleiht. Welcher Eindruck vorherrscht, ist eine Frage von Nuancen. Butches verbergen ihren großen Busen gern unter dem Männerjackett oder dem Hemd, und man kann sich nur schwer vorstellen, dass darunter Spitzendessous stecken könnten – obwohl es mittlerweile auch das geben soll. Femmes tragen Teile einer männlichen Garderobe oder Boxer-Shorts und bleiben doch Femmes. Viele Lesben sagen, sie hätten schon als Kind nur Jungsklamotten tragen wollen, hätten sich in Kleidern verkleidet gefühlt: Das hat mit lesbischen Genen weniger zu tun als mit der Symbolkraft der geschlechtsspezifischen Kleidung und der Rebellion gegen bestimmte „weibliche" Zumutungen, die mit Kleidung vielleicht gar nicht in erster Linie zu tun haben. Außerdem handelt es sich dabei um einen häufig kolportierten lesbischen Ursprungsmythos, dessen symbolische Kraft nicht zu unterschätzen ist, ganz gleich, ob man ihn wörtlich nimmt oder nicht.

Die schwarze Lederjacke und die Jeans sind nach wie vor Dauerbrenner unter Lesben, ebenso in bestimmten Kontexten die Männerunterhemden in Doppelripp als T-Shirts, auch schulterbetonende Muscle-Shirts (in der Frauenmode heißt der Schnitt „Halterneck"). Leder kann zwar Zeichen für bestimmte sexuelle Vorlieben, etwa für S/M, sein; es kann aber ebensogut als rein modisches Element eingesetzt werden. Ich erinnere mich gut, mit welcher Naivität ich Anfang der 90er Jahre meine erste schwarze Lederhose trug, einfach weil ich sie toll fand, und von manchen Lesben erst einmal vorsichtig ausgetestet wurde im Hinblick auf deren Signalfunktion (vor allem, wenn ich ein pinkfarbenes Jäckchen dazu trug: Uneindeutigkeit der Zeichen und eklatanter Verstoß gegen alles, was Lesben schick fanden). Die Cowboy-Boots, absoluter Lieblingsschuh vieler Lesben in den 80er Jahren, haben vorläufig ausgedient, und auch die karierten Holzfällerhemden werden zwar immer noch getragen, aber nicht mehr so häufig: Sie gehören eher der Vergangenheit der 80er Jahre an – oder sie entsprechen einer gewissermaßen zeitlosen Vorliebe –, als dass sie ein modischer Hit zu Beginn des 21. Jahrhunderts wären. Zu den Dauerbrennern zählen jedoch bekanntlich die akkuraten Kurzhaarschnitte, die sich mit den Zeitmoden ändern: in den 80er Jahren Popper und Punk, in den 90ern Kahlköpfe, rasierte Seiten und Nacken, weißblonde Stoppeln, Anfang des 21. Jahrhunderts gemäßigte Kurzhaarschnitte in allen Varianten und Farben, besonders gern aber weiterhin hellblond oder tiefschwarz. Der als Unterschichtenlook verpönte Vokuhila-Stil aus den 80ern sollte Anfang des 3. Jahrtausends ein Revival erleben; allerdings scheint das ein müder Versuch der Modeindustrie gewesen zu sein, einen kleinen Skandal herauf-

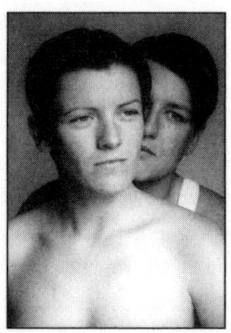

zubeschwören, der nicht so recht geglückt ist, weder bei Lesben noch bei Heteras. Nur in bestimmten Lesbenkneipen ist der Vokuhila zu sehen, aber da war er immer „in" und brauchte kein Revival.

Körperhaare sind ein Kapitel für sich. War es in den 70er Jahren als politisch nicht korrektes Weibchenverhalten völlig verpönt, sich ihrer zu entledigen, ganz gleich ob sie auf den Beinen, unter den Achseln oder auf der Oberlippe wuchsen, so gilt es mittlerweile glücklicherweise als völlig normal, sich zu enthaaren; jede Frau kann ohne Druck von außen selbst entscheiden, ob sie mit oder ohne Bart durchs Leben gehen möchte, und tun und lassen, was sie will.

Lifestyle

In den 80er Jahren wurde „Lifestyle" zum neuen Schlagwort; es hat uns bis heute in seinen Klauen. Power-Stil war in der Mode angesagt, Frauen trugen Jacketts mit breiten Schultern, die Macht suggerierten, und Oversize-T-Shirts und Pullover, die bis ans Knie hingen. Bei allen Anspielungen auf männliche Kleidungselemente war das aber ein deutlich weiblicher Stil, der für Lesben weniger interessant gewesen zu sein scheint, als man glauben könnte. Einflussreicher war für sie der sportliche Trend, der sich unglaublich schnell ausbreitete, und der Madonna-Stil. Madonna spielte in ihren Selbstinszenierungen auch mit lesbischem Sex, während sie sich gleichzeitig ironisch als Sexobjekt ganz im klassischen heterosexuellen Sinne stilisierte. Sie trug damit zu einer Vermischung der Bilder von weiblichen Identitäten und Sexualitäten bei und dazu, dass Lesbisches plötzlich schick wurde. Es konnte nun als „Rollenspiel" verstanden und praktiziert werden, ohne dass das ernsthafte Konsequenzen gehabt oder politischen Bekennermut erfordert hätte. Lesbischsein wird sichtbarer – aber es wird auch unverbindlicher und flüchtiger. „Stil" wird wichtiger als „Identität", ein Trend, der sich bis heute fortsetzt. Feminismus wird zum „Lifestyle Feminismus", einer Variante, die sich eher als schick-überlegene Attitüde beruflich erfolgreicher junger Frauen gegenüber der Welt denn als kritische Einstellung versteht; Frauen, denen alles verfügbar scheint, denen alles zuzustehen scheint und die nichts mehr erkämpfen müssen, die spielen können und jung sein dürfen.

Modemix

Modisch bedeutet diese Haltung eine zunehmende Vermischung der Stile: Die heterosexuellen Moden orientieren sich immer mehr an lesbischen und schwulen Moden, während Lesben und Schwule sich aus der ganzen Schatzkiste sämt-

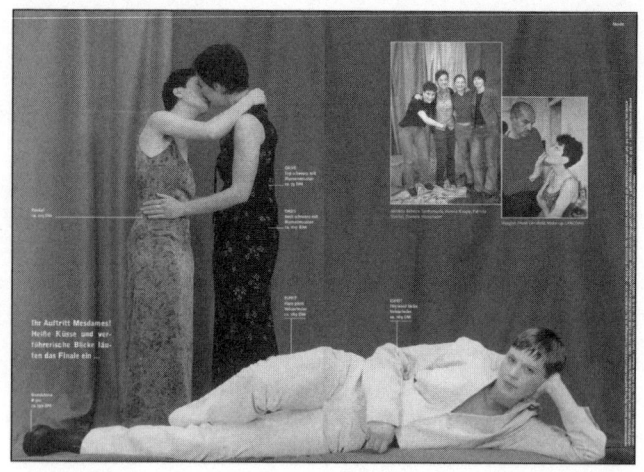

licher Moden und Anti-Moden bedienen und nur noch, wenn sie es wirklich darauf anlegen, als „anders" erkennbar sind. Die für Lesben charakteristische Kombination des Heterogenen wird manifest im Girlie-Stil der 90er Jahre, der, obwohl von vielen getragen, eigentlich ein typischer Stil junger Lesben war: Springerstiefel zum kurzen nabelfreien Röckchen; betonte Feminität kombiniert mit groben Macho-Elementen.

Wenige Jahre später wendet sich dieser Stil ins Sportlichere. Modestrecken in lesbischen Magazinen offerieren gerade geschnittene und völlig schmucklose Kleider, oft mit Kapuzen, deren sachliche Nüchternheit durch neuartige Technostoffe unterstützt wird, weshalb sie wohl auch für Lesben akzeptabler scheinen. Im Notfall greift die modische Junglesbe zu einem Männerrock, um sich nicht zu weibchenhaft zu fühlen ...

Zu den wenigen durchgängigen Merkmalen eines bewusst lesbischen Stils gehören schwere schwarze Schnürschuhe mit dicken Sohlen, kurze Haare, vielleicht noch die Levi's 501, die aber von unzähligen anderen auch getragen wird (sonst wäre sie nicht so erfolgreich). Boxer-Shorts und Rucksäcke, später dann die schräg über der Brust getragenen Umhängetaschen wurden in den 90ern von allen getragen, aber von Lesben besonders begeistert aufgenommen. Natürlich trägt eine echte Lesbe nach wie vor niemals eine Handtasche, außer wenn sie eine Femme ist. Fürs Business seit den 90ern auch für Lesben immer wichtiger: die allgegenwärtigen grauen (Hosen-)Anzüge; statt dessen zuweilen Jeans mit Jackett. Die Brillen werden bunter und modischer, zaghaft taucht Schmuck auf: dezent zwar, aber immerhin. Schwule Männer mögen hier eher als Vorbild gedient haben als heterosexuelle Frauen, denn auffallend viele Lesben tragen die einzelne kleine Kreole an einem Ohr, was ursprünglich ein klassisches Schwulenzeichen war, obwohl es mittlerweile außer von Lesben auch von sämtlichen heterosexuellen Unter- bis Mittelschichtmännern übernommen worden ist, die in der Regel wohl nicht wissen, was sie tun.

Schwule Lesben

Damit ist ein Trend bezeichnet, der in den letzten Jahren immer auffallender geworden ist: die modische Orientierung vieler junger Lesben an Schwulen (nicht an „Männern" schlechthin oder gar an heterosexuellen Frauen). Die kurzgeschorenen Haare, die schmalen knabenhaften Körper, die schulterbetonten Muscle-Shirts, die auf den Hüften sitzenden weiten Cargohosen, die schweren Schuhe, an denen man auch Schwule so leicht erkennt: dazu Unterwäsche von Calvin Klein oder Skinny und eine Körpersprache, die coole Lässigkeit signalisiert: fertig ist die schönste schwule Lesbe ... Der von den großen Modehäusern (allen voran Prada – vor der damenhaften Wende –, Calvin Klein, Tommy Hilfinger) Ende der 90er Jahre aufgebrachte pseudo-sportliche Look – die Schuhe, die wie Turnschuhe aussahen und keine waren, die Anoraks, Kapuzenpullover und Jogginghosen, die nicht waren, was sie zu sein schienen, die hautengen, taillierten Hemden und Pullis –, alles das brachte einen lesbisch-schwulen Einheitsstil auf den Markt, dem Lesben, Schwule und Heterosexuelle gleichermaßen mit Begeisterung frönten und immer noch frönen, wenn auch die Mainstream-Mode sich mittlerweile wieder dem zugewandt hat, was sie als eleganter versteht und übrigens wieder stärker geschlechterdifferenzierend ist als die Mode der letzten drei, vier Jahre.

Diese modische Wende zum Schwulen ist Anzeichen einer tiefergehenden Veränderung. Im Postfeminismus (und nachdem die große Aids-Krise der 90er zunehmend verdrängt zu werden scheint) ist politische Korrektheit obsolet geworden, anything goes, variable Rollenspiele ersetzen feste Identitäten, wir sollen nicht mehr lesbisch oder schwul oder gar feministisch sein, sondern „queer". Bloß keine Festlegungen mehr, ständiges Oszillieren zwischen den Positionen ist angesagt; man muss als Lesbe nicht mehr darauf verzichten (wenn es denn je ein Verzicht war), mit Männern zu schlafen, denn auch das wäre ja eine politisch problematische Festlegung. Warum diese Öffnung sich aber ausgerechnet am schwulen Paradigma orientiert, bleibt mir zumindest ein Rätsel und durchaus verdächtig.

DRAG KINGS

Drag Kings gehen noch einen Schritt weiter; sie sind Frauen – meist, aber nicht zwangsläufig lesbisch –, die bis ins kleinste Detail Männlichkeit nachahmen, und zwar nicht schwule, sondern heterosexuelle Männlichkeit beziehungsweise ein Klischeebild davon. Sie inszenieren sich körperbetont, geben sich physisch stark und sexuell aggressiv, malen oder kleben sich Bärtchen auf, stopfen sich zuweilen die Hose aus und tragen gern Rippunterhemden zu Blaumännern oder Jeans und Arbeitsschuhen oder auch Anzug und Krawatte, je nach Typ und Anlass. Wichtig ist – anders als bei einer Butch – die möglichst perfekte Imitation, das „als Mann durchgehen". Kurz: Drag Kings geben sich als harte Kerle und sitzen damit einem quasi-archaischen, eher unterschichtenorientierten Männermythos auf, von dem wir gehofft hatten, er habe sich in den westlichen Kulturen seit dem Feminismus einigermaßen überlebt. Drag Kings feiern in den letzten Jahren bei uns Bühnenerfolge (in den USA gibt es sie schon länger, und dort sind auch bereits einschlägige Bücher über sie erschienen) und bringen angeblich die Frauen im Publikum zur Raserei. Die „Kingz of Berlin" beschreiben sich auf der Website *Drag Kingdom* als „eine offene Berliner Drag King Performance Group", deren Künstler (natürlich im Maskulinum) aus unterschiedlichen gesellschaftlichen und sexuellen Gruppierungen und Szenen stammen und eine „unglaubliche Vielfalt von King Charakteren" darstellen können: „Sinnlich erotische Tänzer, charmante Gentlemen, coole Helden, trashige Chaoten, schwule Matrosen". Wird hier das theatrale Moment betont, so geht es doch vielen Drag Kings um ein Durchgehen als Mann im Alltag. Auch dieses kommt natürlich ohne bewusste Inszenierung nicht aus. So definiert die Zeitschrift *Siegessäule* das Phänomen Drag King im Juli 2002: „Es geht also um Männlichkeit, die nicht wirklich echt ist, die dargestellt oder ‚performt' wird." Wie man überzeugend einen Bart und eine männliche Körpersprache produziert, kann man in Workshops lernen; die Lust und Begabung dazu muss man mitbringen. Die Geschichten, die man darüber hört, unterscheiden sich kaum von den üblichen lesbischen Kindheitsgeschichten: da wollte eine immer schon lieber Jungsklamotten anziehen, fühlte sich als Junge ... Es geht in diesen Geschichten der Zwanzig- bis Dreißigjährigen nur um das, was eine ganz persönlich ist und sein will, es geht vielleicht auch um die vermeintliche Ungerechtigkeit, dass man auf dem Frauenklo angemacht wird – aber es fehlt auffallenderweise die politische Reflexion der sozialen Ungleichheit der Geschlechterrollen, die manche Frau früherer Generationen dazu nötigte, in die Männerrolle zu schlüpfen, um in Würde zu überleben. Die Zeitschrift *Queer* vom Juli 2001 zitiert einen Drag King, der sich gegen den Vorwurf der Frauenfeindlichkeit zur Wehr setzt: „Im Kern sind wir als Frauen sozialisiert. Wir zeigen Frauen gegenüber Respekt, Frauenverachtung hat da keinen Platz." Aber die *Siegessäule* zieht im Juli 2002 das Fazit, dass Drag Kings außer den Männerklamotten und dem Bart keinerlei Gemeinsamkeiten haben: Sie können lesbisch, heterosexuell oder bi sein, einige wollen nur noch mit ihrem männlichen Namen genannt werden, andere haben nichts dagegen, wenn man ihren Frauennamen verwendet, einige verstehen sich als Wanderer zwischen den Welten und wollen das auch jenseits aller Eindeutigkeiten bleiben, wieder andere planen eine Vereindeutigung ihrer Identität mit Hilfe einer Geschlechtsumwandlung. Ungeachtet aller politisch korrekten Plädoyers für die Offenheit der Identitäten aber bleibt ein Unbehagen angesichts der strikten männlichen Orientierung der Drag Kings: Sind Drag Kings nicht vielleicht doch Ausdruck des politischen und gesellschaftlichen Backlash, den wir mittlerweile in so vielen Bereichen zu spüren bekommen? Eines Backlash, der das Männliche wieder zum Mittelpunkt und Maßstab der Welt macht und damit traditionellen patriarchalen Werten und Normen erneut zum Durchbruch verhilft? Warum gibt es immer noch keine starke lesbische Tradition, die sich ausnahmsweise einmal nicht an männlichen Modellen orientiert, sondern ein eigenständiges Neues hervorbringt (oder sich an weiblichen Mustern inspiriert, um diese zu etwas Eigenständigem umzuformen)?

vive la mode!

Ungeachtet der offenkundigen und manchmal vielleicht nur scheinbaren Muffeligkeit vieler Lesben im Hinblick auf Kleidung und Stil kann man unter dem Strich glücklicherweise trotzdem konstatieren: Mittlerweile ist auch für eine große Zahl lesbischer Frauen – junge wie alte –, Mode etwas Buntes, Spannendes, ein wichtiges und sorgfältig eingesetztes Mittel zur Konstruktion der eigenen Identität(en): zur Schaffung von Selbstbildern und von Bildern für die anderen; sie ist Mittel der Unterscheidung von anderen, aber auch der Zugehörigkeit zu einer (oder mehreren) Gruppen. Für sie ist Mode ein Experimentierfeld und außerdem eine Möglichkeit, den Alltag zu gestalten. Denn Mode ist nicht nur nützlich, sondern auch und vor allem spannend, aufregend, schön; sie hat nicht nur mit Kommerz zu tun, sondern auch mit Kunst. Mode ist immer eine Ästhetisierung unserer Alltagswelt, und das macht sie viel wichtiger, als wenn sie nur leicht lesbares Zeichen für soziale Identitäten oder für politische Programme wäre. Die Frauen, mit denen ich mich auf der Suche nach dem, was Lesben schön finden, getroffen habe, leben das auf ganz unterschiedliche Weise und genießen es.

STILE

RIDE HARD, STAY FASHIONABLE:
DIE HARLEY-FAHRERIN

„Ich habe modisch einen langen Atem", verkündet die achtunddreißigjährige Journalistin und Autorin ironisch. „Ich sehe immer gleich aus und komme alle zehn Jahre in Mode." Denn, so ihre These, ungeachtet der jede Saison wechselnden Moden: Mehr oder weniger alle zehn Jahre kehre ein ähnlicher Stil wieder. So sei man eigentlich immer modisch angezogen, es komme nur auf den Punkt im Raum-Zeit-Kontinuum an, an dem man sich gerade befinde.

Sich selbst beschreibt sie als das klassische 80er-Jahre-Butch-Modell. Ihr Friseur findet, sie ziehe sich an wie Bruce Springsteen. „Das habe ich ihm ziemlich übel genommen, weil Springsteen nun wirklich nicht besonders gut angezogen ist. Aber irgendwo hat der Friseur ein bisschen recht, fürchte ich, denn Jeans – Stiefel – Lederjacke: Das ist mein Ding." Also ganz das Lesbenklischee? Ja, stimmt sie zu, wenn auch ziemlich (selbst-)ironisch. Ein Kleid hat sie zum letzten Mal mit zehn oder elf getragen, und das widerwillig: Sie fühlte sich ungeschützt darin – „da stehst du doch halb nackt rum, ein Schlüpfer und sonst nichts zwischen den Beinen."

Wir haben uns gegen Abend in ihrer Redaktion in einer Kreuzberger Fabriketage getroffen, und während sie sich in ihrem Stuhl zurücklehnt und die Beine ausstreckt, fällt ihr ein, dass sie später noch einmal ein Kleid angehabt hat, vor ein paar Jahren wegen einer Wette auf der Bühne. Das gab ein riesiges Hallo bei allen, die sie nur in ihrer üblichen Kluft kannten, und hat ihr überdies die Erfahrung beschert, wie sehr auch Lesben auf Titten und Arsch fixiert seien: In Kleidern werde frau eben aufgerissen. Das zu erleben war den Rollentausch wert. Sie trägt auch sonst keineswegs körperverhüllende weite Klamotten wie so viele Lesben, sondern lieber engere Sachen, weil sie es gut findet, wenn man vom Körper etwas sieht. Aber in einem Kleid wird, so findet sie, noch mal anders, gezielter und aufdringlicher auf die Sexualität des weiblichen Körpers verwiesen. Ist ein Kleid also von vornherein und ausschließlich ein sexualisiertes und sexualisierendes Kleidungsstück? Das hängt vom Kleid ab, finde ich, aber zweifellos sind viele so gedacht.

Kein Kleid also, sondern Stiefel, Jeans, Hemd oder T-Shirts mit unterschiedlichen Aufschriften, sehr kurze dunkle Haare, eine kleine Kreole in einem Ohr – und, natürlich, das Motorrad: nicht irgendein Motorrad, sondern eine Harley Davidson. Klischee hin oder her: So ist sie eben.

Ist das Motorrad ein modisches Accessoire? Sie stutzt kurz, lacht dann und meint: „Ja klar, warum nicht. Andere haben eine Handtasche – Handtaschen finde ich übrigens schauderhaft, die sind nur was für ältere Frauen, auch wenn sie noch so schick sind. Die habe ich schon als Kind gehasst." Schon als Kind wollte sie aber ein Motorrad. „Ich habe allerdings keine Ahnung mehr, ob ich zuerst das Motorrad wollte und mich dann entsprechend angezogen habe, oder ob ich zuerst nur aussehen wollte wie die mit den Motorrädern und dann auch das Motorrad dazu wollte?" Denn unbedingt hat das Motorrad mit dem eigenen Äußeren zu tun: „Motorrad, Kleidung, Sex – das steht alles in einer Stilreihe." Motorradfahren signalisiert Kraft, Selbstbestimmung, sexuelle Aggressivität – das reservieren gewöhnlich Männer für sich, wie alles, was Spaß macht, und Frauen müssen es sich eben nehmen, um nicht passiv in der Ecke zu stehen. Die Lederjacke ist Teil dieses Lebenskonzepts von Freiheit und Stärke, und die hatte sie zuerst. In der Punk-Ära gehörten Motorradlederjacken zum Outfit, und über diesen Trend kam auch sie mit fünfzehn dazu. Kaum hatte sie eine Lederjacke an, fühlte sie sich wie zu Hause angekommen: „Ich und meine Lederjacke, wir haben uns gefunden." Dann kam lange nichts, dann folgte ihr Comingout, der erste richtige Sex – und schließlich, mit zweiundzwanzig, das erste Motorrad. Angezogen hat sie sich seit der ersten Lederjacke immer ähnlich, aber die Schubladen, in die sie aufgrund ihres Äußeren von anderen gesteckt wurde, wechselten. Mal galt sie als Punk, dann als S/M-Lesbe, jetzt als Motorradlesbe – „Na und, meinetwegen! Ich liebe Schubladen. Dann weiß man wenigstens, mit wem man es zu tun hat." Es kann ja von allem etwas sein, oder alles zugleich, wer weiß das schon?

Sie ist jedenfalls so sehr sie selbst in ihrer Kleidung, dass ihr der ganze Modezirkus mit seinen saisonalen Änderungen ziemlich lächerlich vorkommt, „eine Farce". Ohnehin, meint sie polemisch, gehe er an 95% der Bevölkerung spurlos vorüber. Das kann ich zwar nicht finden, aber das ist eine Frage der Perspektive und nicht wirklich unser Thema. „Mode ist das, worauf man sich gesellschaftlich einigt, das, was gerade angesagt ist. Einig ist man sich allerdings vor allem darüber, was man auf keinen Fall mehr tragen darf, weil es out ist. Alles, was nicht out ist, ist gerade noch okay, wenn auch nicht modisch. Schlimm ist es, unmodisch zu sein." Was sie an der Wechselhaftigkeit der Mode wohl am meisten stört, ist die Verkleidungsmanie, die damit einhergeht. Die Frauen, die ständig mit neuen Formen, Farben, Identitäten, Stilen, kurz: Moden experimentieren, sind ihr suspekt: Wissen die überhaupt, wer sie sind? Gehört dieses ständige Spielen nicht in eine Phase der Unsicherheit im Hinblick auf die eigene Identität, die irgendwann vorübergeht? Für sie drückt Kleidung aus, wer jemand ist, eine Haltung dem Leben gegenüber: „Die Goretex-Lesbe in gesunden Schuhen lässt dich nicht gerade an heißen Sex denken, wenn sie zur Tür hereinkommt, oder?" Sie ist vor allem wetterfest. Von einer Frau in engem Rock und High Heels wiederum mit ihrem notwendigerweise eingeschränkten Bewegungsradius kann man das nicht behaupten – was meiner Gesprächspartnerin auch nicht so recht zusagt, steht sie doch auf (Bewegungs-)Freiheit. „Ich kann an der Kleidung einer Frau genau erkennen, ob sie zu mir passt oder nicht." In keinem Fall passen Frauen zu ihr, die ihren Körper verstecken, die ganz Unauffälligen oder auch die, die sich anders anziehen, als sie sind. Sie mag Frauen, die klare Farben und Formen bevorzugen. Und: Sie müssen gute Haarschnitte haben. „Wenn man kurze Haare trägt, müssen die alle vier Wochen nachgeschnitten werden, und leider kapieren das viele Lesben nicht. Die sind nicht bereit, Geld für den Friseur auszugeben, und schneiden sich die Haare selbst. Das Ergebnis ist meistens eine Katastrophe."

Sie mag also Frauen, die wissen, wer sie sind, die ihren Typ entdeckt haben und auch Wert auf ihr Äußeres legen, ohne es wiederum allzu wichtig zu nehmen. Woran erkennt sie denn, ob jemand sich „nur" verkleidet oder wirklich sie selbst ist? Das sei Gefühlssache und hänge eng damit zusammen, was eine Frau ausstrahle, wie sie sich bewege, ob der Eindruck stimmig sei. Wenn sie mit hängenden Schultern eine toughe Lederjacke trage, stimmt der Eindruck so wenig wie wenn sie im engen kurzen Rock breitbeinig fest auf dem Boden stehe. „Wir tragen doch alle Jeans, und doch sieht jede darin anders aus – das liegt daran, wie wir sie tragen." Ob sie ihre eigene, zu den Hemden, Jeans, Stiefeln, vor allem auch zum Motorrad absolut stimmige Körpersprache (und übrigens auch relativ tiefe Stimme) eingeübt habe, will ich wissen, und sie ist verblüfft: Nein, so bewege sie sich eben. Schon als Kind habe sie breitbeinig gesessen, sich raumgreifend bewegt; vielleicht habe ihr Kleiderstil etwas mit ihrer Körpersprache zu tun, aber bewusst eingeübt? Wirklich nicht! „Als Jugendliche habe ich übrigens böser ausgesehen, als ich war; heute ist es umgekehrt, da bin ich böser, als ich aussehe."

Am besten gefallen ihr burschikose Frauen, die passen zu ihr – Frauen also, die ihr selbst eher ähneln, als dass sie einen Gegensatz zu ihr verkörperten. Das provoziert mich zu der Frage, was sie von dem berüchtigten lesbischen Zwillingslook hält. Es ist ja wirklich auffallend, wie oft lesbische Paare sich nach einer Weile zum Verwechseln ähneln, sich nicht nur gleich kleiden, identische Haarschnitte tragen, sondern sich außerdem noch ähnlich bewegen, ähnlich reden ... Schrecklich findet sie das, denn das bedeute nichts anderes als Charakterschwäche, sei Zeichen für eine symbiotische Beziehung, in der sich die einzelne im Wir auflöse. Manche tragen ja sogar die Sachen der anderen, gruselig! Im übrigen sei das ja nicht auf Lesben beschränkt, „schau dir Leute mit ihrem Hund an, oder auch Heteropaare: überall das gleiche." Viele Menschen leiden offensichtlich unter einer ausgeprägten Ich-Schwäche, findet sie, und Lesben seien dafür ganz besonders anfällig, weil sie als Frauen gelernt hätten, sich anlehnen, ja verschmelzen zu wollen, und weil ihnen speziell als Lesben die Ähnlichkeit zu anderen, zumal der eigenen Geliebten, Sicherheit gebe: Wer immer und überall Außenseiterin ist, freut sich doch, wenn sie mal aussieht wie andere und dadurch der Eindruck entsteht, dass sie viele sind. Frauen gemeinsam sind stark ... Auf meinen Einwand, dass es aber doch schwer sei, wie eine typische Lesbe auszusehen und trotzdem ganz unverwechselbar, weil einfach die Auswahlmöglichkeiten geringer sind – Jeans und karierte Hemden sind nun mal Jeans und karierte Hemden –, erwidert sie: „Man kann doch einen ähnlichen Stil tragen und trotzdem unterschiedlich aussehen. Ich würde in einem solchen Fall, wenn die Ähnlichkeit zu groß wird, unbedingt etwas anderes anziehen. Oder die andere zieht was anderes an. Das ist tausendmal besser als im Partnerlook herumzulaufen." Damit meint sie natürlich nicht, dass eine von beiden sich verkleiden sollte; nie würde sie zum Beispiel ein Kleid und nur ausnahmsweise einen Anzug anziehen. Aber die Unterschiede müssen ja gar nicht so spektakulär sein; oft genüge schon ein anderes T-Shirt oder eine andere Hose.

Wir sind uns einig, dass es eine breite Kluft zwischen der Selbstwahrnehmung von Paaren und deren Wahrnehmung durch die Außenwelt gibt, denn viele merken gar nicht, dass sie auf andere wie „Zwillinge" wirken. Und man hütet sich interessanterweise auch, sie darauf hinzuweisen. Ich zum Beispiel hätte das Gefühl, den „Zwillingsfrauen" damit zu nahe zu treten. Womit ich offensichtlich unterstelle, dass sie mehr oder weniger versehentlich ihre äußerliche, unverwechselbare Identität aufgegeben haben und das eigentlich gar nicht wollen können. Oder dass es tatsächlich, wie meine Gesprächspartnerin meint, eine peinliche Ich-Schwäche ist, wenn zwei Frauen sich äußerlich so sehr angleichen, dass sie wie Zwillinge aussehen. Es könnte natürlich sein, dass eine Frau es einfach schön findet, wie sie selbst aussieht, und es ihr deshalb auch gefällt, wenn ihre Freundin genauso aussieht. Lesben sind vor Narzissmus so wenig gefeit wie andere Menschen (allerdings möchte man manchen eine etwas größere Dosis davon wünschen); das Gefallen an der eigenen Person (es muss ja nicht gleich Selbstverliebtheit sein) ist ein menschlicher Grundzug. Anderen lesbischen Zwillingen wiederum scheint es im Gegenteil völlig gleichgültig, wie sie und die anderen aussehen, und darum ähneln sie sich. Oder vielleicht schauen sie genauer hin und erkennen feine Unterschiede, die ich, fixiert auf Kleider, Frisuren, Körper, nicht wahrnehme? Vielleicht besitzen sie einen anderen Sinn für Differenzen?

Apropos Gefallen an der eigenen Person: Warum sehen immer mehr Lesben, zumal junge, aus wie Schwule? Meine Gesprächspartnerin, die als Journalistin die Szene ziemlich gut kennt, meint, das liege nicht nur an der grundsätzlichen Vermännlichung unserer Gesellschaft, sondern auch daran, dass Schwule als Vorbild die einzige Alternative seien, wenn eine Frau nicht hetero aussehen wolle. Einen eigenständigen lesbischen Stil, der als Vorbild tauge, gebe es ja kaum. Außerdem sei die sexuelle Aggression, die von Schwulen ausgestrahlt werde, gerade für junge Lesben sehr reizvoll als Gegenbild gegen das noch immer grassierende Bild von den asexuellen Kuschellesben. Die „schwule Lesbe" ist also ein wichtiger modischer Trend in der Lesbenszene.

Weitere Trends der letzten Jahre? Bei Lesben um die Vierzig beobachtet sie einen Backlash; die sähen plötzlich aus wie ihre Mütter – altbacken –, so, als müssten sie jetzt endlich ein völlig am Heterosexuellen orientiertes Weiblichkeitspotential ausleben, von dem sie sich vorher distanziert hätten. Schrecklich findet sie das, weil im tiefsten Inneren lesbenfeindlich. Bei den jungen Frauen gelte das Wort „Lesbe" mittlerweile sogar als Schimpfwort; auch das scheint ihr eine tief verwurzelte Homophobie unter den Lesben selbst zu signalisieren. Vielleicht passt dazu ein weiterer Trend, den sie seit einiger Zeit bei den Jüngeren beobachtet: ein Revival der klassischen Butch-Femme-Rollen, aber derart überzeichnet, dass die zwei Frauen fast schon als Heteropaar durchgehen können. Zum Glück gebe es auch wieder die zornigen jungen Punk-Mädel. Und die meisten Lesben sehen aus wie immer: die sportlich gekleideten, wetterfesten Goretex-Lesben mit schlechtem Kurzhaarschnitt ...

Da brauche ich mein nächstes Thema eigentlich gar nicht mehr aufzubringen: Gibt es lesbischen Glamour? Die Antwort kommt prompt: „Nein!" Eleganz? Auch ein trauriges Kapitel. Wenn Lesben auf einen Ball gehen, zum Beispiel, dann versuchen sie, sich in Schale zu werfen, aber das Ergebnis sei mitleiderregend: die meisten sehen dann aus wie ihre eigenen Mütter oder als gingen sie zur Konfirmation. „Die haben das nie geübt, das spielte keine Rolle in ihrem Leben, vielleicht hatten sie auch das Geld nicht – woher soll die Eleganz also kommen?" Geld und Geschmack sind Stichworte, die uns beide in Rage bringen. Denn unter Lesben kann man immer wieder hören, Lesben hätten eben weniger Geld als andere; dieser Mangel wird für alles mögliche, eben auch für mangelnden Geschmack verantwortlich gemacht. Wie überaus bequem, denn dann hat man den moralischen Persilschein und muss nicht mehr nachdenken. „Aber wo sind sie denn, die armen Lesben? Die, die ich kenne (und das sind nicht wenige), haben Berufe, verdienen normal, haben Wohnungen, gehen essen – und trotzdem gibt es diesen Mythos von den armen Lesben. Lesben bringen es fertig, an der Kasse eines Clubs um den Eintrittspreis zu feilschen, aber wenn es darum geht, Drogen oder einen wahrlich nicht billigen Dildo zu kaufen, ist keine Rede mehr vom Geld." Sie meint, dass dahinter die klassische Opferhaltung stecke: „Wir sind doch ohnehin Menschen zweiter Klasse, also ist das Schlechteste gerade gut genug für uns." Oder die andere Seite der Medaille: „Wir sind doch so diskriminiert, dann gebt uns wenigstens alles billiger."

Bevor wir die Redaktion verlassen, ich zu meinem zuverlässigen alten VW gehe, sie zu ihrer glanzvollen Harley, muss ich noch eine Frage loswerden: Ob sie das Motorrad auch einsetze, um zu verführen? Nicht direkt, aber wenn es sich einbauen lasse, klar. Das Fahren selbst sei immens erotisch: die Vibrationen, der Wind im Gesicht, das unverwechselbare Feeling des Leders, das Gefühl der Geschwindigkeit im Körper, die körperliche Anstrengung und auch die Fähigkeit, das technische Gerät zu beherrschen. Das alles in enger körperlicher Nähe mit einer Sozia zu teilen – das sei schon verführerisch.

Dann steigt sie unter den neidischen Blicken etlicher Männer und gleichsam gestreichelt von den bewundernden Blicken einiger Frauen auf ihre Harley und fährt los, neuen Frauen entgegen ...

Dame, feministisch

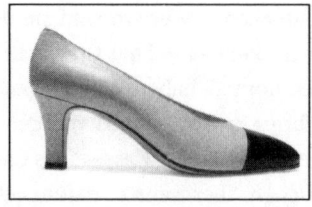

Sie liebt das Spiel mit der Mode, die kleinen Brüche, die sie in ihre Kleidung einbaut und die dem Ganzen das gewisse Etwas geben: ein rotes Kleid beispielsweise mit einem breiten pinkfarbenen Gürtel, dessen Farbe haarscharf daneben ist und doch – oder gerade deshalb – den Witz des Outfits ausmacht. Oder einen schrillen Ohrring und blaulackierte Fingernägel zu dem klassisch geschnittenen, perfekt sitzenden, hinreißenden blauen Kostüm („ich bin so was von verknallt in diese Jacke"), statt der Perlenohrstecker, die alle Erwartungen übererfüllen würden – und damit langweilig wären. Das zu Perfekte reizt sie nicht, es ist für sie nicht stimmig – es sei denn, es wird noch ein wenig übertrieben. Ob sie übertreibt oder bricht, hängt immer von der Umgebung und dem Anlass ab: Das Kostüm kann sie auch durch eine zweireihige Perlenkette gerade soviel übertreiben, dass nur jemand, die genau hinschaut, die Ironie darin erkennt.

Der Eindruck, den sie vermittelt, ist der selbstverständlicher Eleganz, selbst wenn sie Jeans trägt. Sie ist Anfang Sechzig, sehr schlank, die kurzen Haare gut frisiert, sie ist perfekt geschminkt und makellos gekleidet – sie fällt auf, und wenn man sie nicht kennt und nichts von ihr weiß, käme man nicht ohne weiteres auf die Idee, dass man eine engagierte Feministin und bekennende Lesbe vor sich hat. Sie provoziert diese Klischees gern, wobei es seinerzeit eine größere Hürde für sie war, sich als Feministin zu bekennen („Haben Sie das denn nötig? Sie sind doch klug und begabt ..."), als später ihr Coming-out als Lesbe zu haben: Das wurde dann mehr oder weniger selbstverständlich als logische Konsequenz akzeptiert. Als Fernsehfrau gehörte sie zu den ersten, die regelmäßig Lesbenthemen in die Abendprogramme brachten und es wagten, sich in einer Sendung selbst zu outen. Dabei blieb sie immer ganz Dame. Ich habe sie nicht gefragt, ob sie diese Bezeichnung für sich akzeptiert, aber mir drängt sie sich auf, auch wenn es wohl wenige Frauen gibt, die von sich selbst in einem Atemzug sagen würden, sie seien Dame und Lesbe. Die beiden Begriffe scheinen ein Gegensatz zu sein und sind doch in Wahrheit gar keiner, wie meine Gesprächspartnerin beweist. Ich meine mit dem Begriff „Dame" allerdings nicht dasselbe wie meine achtzigjährige Mutter früher, wenn sie mir beizubringen versuchte, was eine Dame tut oder lässt, oder wenn sie mir heute erzählt, dass sie ein paar Damen zum Kaffee bei sich hatte. Eine Dame ist für mich, so wird mir beim Treffen mit der Journalistin klar, eine sehr lebendige Frau mit Selbstbewusstsein, Weltläufigkeit und natürlicher Eleganz, mit Lebens- und beruflicher Erfahrung und der daraus resultierenden Prise Selbstironie, eine Frau, deren Selbstinszenierung stimmig ist, ganz gleich, wo sie auftritt und was sie anzieht – obwohl sie sich wahrscheinlich seltener in Jeans und Hemd als in einem schicken Kostüm zeigt. Natürlich ist „Dame" heutzutage immer auch ein ironischer Begriff, aber gerade in seiner Brüchigkeit passt er zu ihr und ihren nicht nur modischen kleinen Brüchen.

Was macht ihr Spaß daran, warum ist es für sie stimmiger, wenn ihr Auftreten und ihr Outfit nicht dem entsprechen, was man von einer feministischen Lesbe erwartet, und wenn das wiederum bei aller Eleganz in sich diese charmanten kleinen Brechungen hat? Der ästhetische Aspekt zum Beispiel: Es mache ihr einfach Spaß, aus Vorgegebenem vielleicht nichts Neues, aber doch etwas anderes zu gestalten, „was das Auge beschäftigen und erfreuen und das eigene Gefühl verändern kann". Diese Art Spiel mit der Mode verlangt so viel Selbstbewusstsein, dass sie es mit zwanzig, dreißig so wohl nicht hätte spielen können. Ein Teil des Reizes daran ist sicher das Maß an Aufmerksamkeit, das man damit bekommt: „Ich finde es verlogen zu sagen, ‚also ich ziehe immer nur das an, worin ich mich wohl fühle, an dem Tag und in der Stimmung, und wie andere Leute das finden, ist mir völlig egal.' Das ist eine Lüge." Lieber Irritation auslösen als nicht gesehen werden: Jede Frau, die Mode liebt, wird das sofort unterstreichen. Und dabei geht es nicht darum, jemanden – ganz gleich ob Frauen oder Männer – anzuturnen, wie modischen Frauen so oft unterstellt wird, sondern um den legitimen Wunsch, als Person wahrgenommen zu werden. Denn die Art, wie jemand sich zurechtmacht und inszeniert, ist nichts Oberflächliches, was man einfach so abstreifen könnte, sondern integraler Teil der Persönlichkeit und deswegen unverzichtbar – und als Signal an andere nicht zuletzt im alltäglichen Kommunikationsdschungel von unschätzbarer Bedeutung, kann man doch mit Kleidung und Auftreten andere manipulieren, sie überraschen, erfreuen, verärgern, ihnen die Wahrheit sagen, etwas erreichen oder im Gegenteil alles verderben ... Viele Feministinnen in den 70er und 80er Jahren lehnten die Mode ab, weil sie der Ansicht waren, modische Kleidung sei ein patriarchales Unterdrückungsinstrument, das die Aufmerksamkeit auf den weiblichen Körper lenke, diesen zum Sexualobjekt mache und damit gerade verhindere, dass eine Frau als Person wahrgenommen würde. Das hatte seine Berechtigung und hat sie auch heute noch; viele Lesben teilen diesen politisch-kritischen Blick auf Mode. Und dennoch können wir uns heute, Jahre nach der Frauenbewegung und gerade aufgrund dessen, was sie erreicht hat, mit größerer Gelassenheit anziehen und uns für Mode interessieren, ja sie genießen. (Es müssen ja nicht gleich die nuttigen Kleidchen sein, die in vielen Männern anscheinend unbeherrschbare Reflexe wecken.) In einer pluralistischen und hedonistischen Kultur fällt es zunehmend schwer, mit einer Anti-Haltung echte Kritik zu üben, ohne lächerlich zu sein. Vielleicht sind es eher die kleinen Subversionen, die etwas bewirken und dabei auch noch Spaß machen? Denn natürlich liegt es auch im Interesse derjenigen, die den Ton angeben, dass Menschen sich durch ihre Kleidung als zu einer bestimmten sozialen Gruppe gehörig bekennen – sie können sie dann leichter ausgrenzen und beherrschen. Warum es ihnen so einfach machen? Warum sie nicht verwirren und ihre eingeübten Verhaltensweisen außer Kraft setzen, indem man – zum Beispiel – zwar Feministin ist, es aber nicht durch die Kleidung demonstriert: „Eine Feministin zieht in den Augen des Establishments keine Schuhe mit hohen Absätzen an. Wenn sie es doch tut, irritiert das die anderen. Denn wie soll man denn die Ausgrenzung dann noch deutlich machen, wenn sie selbst signalisiert: Vom äußerlichen Angucken her könnt ihr mich nicht auf den Flur schicken, das funktioniert nicht." Aber auch andere Feministinnen und/oder Lesben reagieren oft genug verstört, wenn eine von ihnen sich elegant gewandet: Gehört sie denn wirklich zu uns? Tatsächlich ist eine Frau wie die Journalistin aufgrund ihres eindeutigen frauenpolitischen Engagements, lebenslang, nicht ernsthaft verdächtig, unpolitisch oder oberflächlich zu sein, weil sie schöne Kleider und elegante Schuhe liebt; sie beweist, dass beides – glücklicherweise – zusammen geht.

Jenseits aller Politik: Die feministische Dame hat immer Lust an Mode gehabt, und das hat sich auch nicht geändert, als sie in der Mitte ihres Lebens lesbisch wurde. Keine Phase des Coming-out-Stils, keine Notwendigkeit, sich modisch einer neuen Lebensform anzupassen, sich äußerlich einer neuen Gruppe als dazugehörig zu deklarieren. Warum auch? Ihre Identität als Frau und als Feministin war erprobt genug, als dass sie dadurch von Grund auf hätte erschüttert werden können; sie wurde als Lesbe kein anderer Mensch. Die Erleichterung, die immer gleichen Strukturen mit den „Hähnen" endlich los zu sein, benötigte keine eigene Mode. Dass sie ihren Stil immer wieder geändert hat, hat rein modische Gründe und ist vor allem lustbetont: Schlabberlook, auch mal ein Männerjackett oder eine Männerweste, deren Rücken sie bestickte; den Monteursanzug, den sie in den Hochzeiten des Feminismus auf einem Flohmarkt erstand, kombinierte sie mit einem modischen breiten Gürtel. Der Grundstil blieb bei allen Abwandlungen gleich: feminin und modisch, niemals, um Himmels willen, ein neutraler Einheitslook. Aber in unserem Gespräch wird ihr klar, dass sie mit ihrem Make-up, ihren lackierten Fingernägeln und ihrer femininen Aufmachung unter den Lesben (und Feministinnen) ihrer Bekanntschaft tatsächlich die Ausnahme ist.

Nach den modischen Gewohnheiten ihrer lesbischen Bekannten und Kolleginnen gefragt, stellt sie fest: Die meisten tragen eher Hosen als Röcke, bevorzugen eher einen leger-sportlichen als einen elegant-femininen Stil, und das tun sie, seit sie sie kennt. Aber wenn man um die Fünfzig ist, so meint sie, ändere man seinen Stil nicht mehr ohne weiteres. Vielleicht kleiden die Frauen sich etwas aufwendiger, teurer, bevorzugen bessere Materialien und besser verarbeitete Kleider, denn die meisten haben jetzt mehr Geld als früher. Aber das, was für viele einmal politisches Statement war – das Ablegen der traditionell weiblichen Insignien, um damit gegen das Patriarchat zu protestieren –, sei im Laufe der Jahre zum persönlichen Stil geworden, auch zu einer Gewohnheit, die sich nicht so leicht ablegen lässt: Man würde sich verkleidet fühlen, wenn man mit einemmal statt Hosen Röcke trüge (oder umgekehrt). Dennoch ist das politische Statement damit nicht ganz aus der Kleidung verschwunden: Es hat seine Spuren hinterlassen, die Kleidung ist davon geprägt, auch wenn sie nicht mehr ganz bewusst nach solchen Kriterien ausgesucht werden mag. Ein politisches Statement wird zum persönlichen Modestil – auf diese Weise wirkt es im Alltag vielleicht sogar nachhaltiger.

Viele von uns erinnern sich auch gut an die Zeiten, als es noch nicht üblich war, dass Mädchen Hosen trugen; es galt als unschicklich und war doch so bequem, dass viele dafür kämpften. Und außerdem symbolisierten Hosen in unserer Kultur immer Macht. Wenn frau also – sei es bewusst, sei es unbewusst – an der Macht der Männer teilhaben wollte, versuchte sie es dadurch äußerlich sichtbar zu machen, dass sie Hosen trug. Als Anzüge für Frauen erstmals richtig Mode und damit auch akzeptiert wurden, nämlich in den 60er und 70er Jahren, wurden sie in den Zeitschriften oder auf den Schauen oft mit High Heels präsentiert. Das, so meint die aktive Beobachterin der nicht nur modischen Trends, sei eine subtile Manipulation der männlichen Modeschöpfer gewesen, die den Frauen zwar Hosen zugestanden, deren praktische Vorteile jedoch brachen, indem sie sie mit dem Insignium des Weiblichen, den superhohen Absätzen, in denen niemand laufen und schon gar nicht weglaufen kann, kombinierten. „Domestizierung der Frauen" nennt sie das und dekretiert folglich mit Entschiedenheit: Zum Anzug niemals High Heels! Überhaupt diese Schuhe, mit denen sie sich als junge Frau gequält hat ... Diese Zeiten sind glücklicherweise vorüber.

Warum allerdings so viele Lesben sagen, sie hätten schon als Kleinkinder nichts anderes als Hosen tragen wollen – ob das nicht ein idealisierender Blick zurück sei, auf der Suche nach einer logischen Entwicklung, nach Spuren einer lesbischen Identität von Anfang an? Wir suchen doch alle Indizien dafür, dass wir schon immer so waren, und jede von uns findet, wenn sie nur lange genug nachdenkt, die Lehrerin, in die sie unsterblich verliebt war. Und eben auch die Hosen, die sie schon als Kind tragen wollte ...

Wir sind uns einig: Das ist oft genug ein hübscher lesbischer Ursprungsmythos, weiter nichts, eines der vielen kulturellen (Vor-)Bilder, die es uns erlauben, uns in der Welt zu orientieren und unseren Platz in ihr zu finden. Wir brauchen sie, aber sie müssen nicht immer wörtlich genommen werden. Außerdem gibt es eine Menge weiterer Ursprungsmythen. Ich zum

Beispiel habe als Kind Hosen gehasst und, wenn ich denn mal eine tragen musste, darauf bestanden, darüber etwas Rockähnliches, und sei es eine Schürze, zu tragen. Mit Heterosexualität hat das nichts zu tun: Ich fand Hosen hässlich und außerdem Zeichen von missbrauchter Macht, von Tyrannei. Damit wollte ich nichts zu tun haben. Ist das weniger lesbisch als die Liebe zur Hose?!

Mode hilft uns jedenfalls zu gestalten, wer wir sein wollen oder sein können: unser Geschlecht, unsere ästhetischen, emotionalen oder sexuellen Vorlieben, unsere soziale Zugehörigkeit und so weiter. Sie drückt mitnichten einfach aus, wer wir sind – denn was sind wir schon, bevor wir es inszenieren? Mode ist nicht nur das verachtenswerte Unterdrückungsmittel patriarchaler Gesellschaften, und Kleidung ist nicht einfach nur nützlich. Mode ist vielmehr auch und vor allem spannend, aufregend, schön; sie hat nicht nur mit Macht und mit Kommerz zu tun, sondern sie ist auch Kunst und damit eine Möglichkeit, unsere Alltagswelt zu ästhetisieren und unsere Persönlichkeiten zu gestalten.

Kleidung kann nie nichts bedeuten. Selbst wenn wir glauben, wir verweigerten uns der Mode, machen wir eine modische Aussage. Allerdings sind Aussagen mittels Mode selten eindeutig: die einzelnen modischen Elemente sind nicht nur beliebig und beliebig einsetzbar, sondern selbst wenn sie etwas bedeuten, so tun sie das doch nur für eine gewisse Zeit und in einem bestimmten Kontext. Dann wechselt die Bedeutung wieder. Deshalb haben es sogenannte Minderheiten schwer, sich von anderen Gruppen abzugrenzen, denn ihre Moden werden oft von diesen übernommen, so dass sie zur Gruppenbildung nicht mehr taugen. Die Modeindustrie bemächtigt sich mit Vorliebe der modischen Erscheinungsbilder von Minoritäten, also auch von Lesben, und kommerzialisiert sie, das heißt, macht sie für alle anderen käuflich verfügbar. Das, was man Subkulturen nennt, ist deswegen heute fast nicht mehr lebensfähig, denn alles wird früher oder später zum Gemeinbesitz und kann nicht mehr als Ausdruck des Protests kleinerer Gruppen gegenüber dem Mainstream dienen.

Im Falle lesbischer Kulturen wird das sichtbar in deren Aneignung durch die modernen Massenmedien. In der Werbung und in der Modefotografie etwa tauchen immer wieder „lesbisch" inszenierte Frauen auf; das bedeutet einerseits Sichtbarkeit – und zeigt außerdem an, dass Lesben als Zielgruppe möglicherweise ins Visier geraten –, aber andererseits bedeutet es eine Reduktion lesbischer Lebens- und Liebesstile zum bloß modischen und völlig beliebigen Versatzstück.

Umgekehrt haben auch viele, gerade junge Lesben sich längst aus dem Arsenal der Mode und der Weiblichkeitsbilder in unserer westlichen Kultur alles angeeignet, was ihnen gefällt – was noch lange nicht heißt, dass sie sich kritiklos irgendwelchen Vorschriften über adäquate Kleidung aus Frauenzeitschriften beugten und nur noch über Mode nachdächten. Allerdings: Wer tut das überhaupt noch, außer den sogenannten Fashion Victims, die ohnehin jede bedauert? Wir leben, modisch gesehen, in einer Welt der „Looks", nicht mehr des einen dominanten Stils; ja das willkürliche Zusammenwürfeln der unterschiedlichsten und eigentlich gar nicht zusammenpassenden Farben, Muster und Stile ist Anzeichen für den „richtigen" Umgang mit der Mode geworden, während es als hoffnungslos out gilt, darauf zu achten, dass Kleidung, Accessoires, Frisur und Schmuck auch zusammenpassen. Die Journalistin mit ihren sechzig Jahren und ihrer modischen Experimentierlust ist völlig auf der Höhe der Zeit. Und längst spielen auch viele andere – zumal junge – Lesben genauso lustvoll mit den Möglichkeiten der Mode; sie finden ein Kleid nicht heterosexuell, Hosen nicht männlich und ein bauchfreies Top nicht sexistisch.

Die Journalistin zieht sich in erster Linie für sich selbst an: um sich wohl zu fühlen, um sie selbst zu sein. Nur dann klappe es ja auch mit der Ausstrahlung und den Botschaften nach außen. Schwer finde sie es, alt zu werden. Nicht nur weil man gebrechlich werde, was das Schlimmste sei. Nein, es gebe auch so viele andere Einschränkungen, scheinbare Kleinigkeiten, die eine die unwiderruflich vergangene Zeit schmerzlich spüren lassen. Ein Beispiel: Im letzten Sommer gab es nur ärmellose Kleider, und das passte zum Wetter – allerdings nicht mehr zu ihr. Denn ihre sechzigjährigen Arme findet sie nicht mehr schön genug, als dass sie sich solche Kleider erlauben würde. Früher hätte sie ins Fitness-Studio gehen und die Arme trainieren können, dann wäre es gut gewesen. Heute funktioniert das nicht mehr. Sie kann trainieren, soviel sie will, die Arme bleiben alt. Diese Unwiderruflichkeiten sind es, die ihr zu schaffen machen, die das Selbstbild verändern und die auch mit Schönheit zu tun haben. Das schließt keineswegs aus, dass Älterwerden auch Vorteile hat: größere Gelassenheit, mehr Erfahrung – aber das steht auf einem ganz anderen Blatt, man kann diese Dinge nicht gegeneinander aufwiegen.

Die Lust an der Mode ist ihr jedenfalls nicht abhanden gekommen, und das wird trotz ärmelloser Kleider wahrscheinlich nie passieren. Dazu ist sie zu tief in ihrer Geschichte verwurzelt: „Eine meiner schönsten Kindheitserinnerungen ist meine Mutter an der Nähmaschine und ich auf einem Schemel daneben." Die Mutter hat ihr alle Kleider selbst genäht und ihr auch das Nähen beigebracht, so dass sie sich als junge Frau, wenn ihr die Kleider im Laden zu teuer waren, selbst welche nähen konnte. Dabei hat sie eine Menge darüber gelernt, wie Mode gemacht wird, worauf ihre Wirkung beruht und wie man Wirkungen erzeugt. Mode bedeutet für sie Kreativität im Alltag. Natürlich gibt es jobbedingte Kleidernormen, aber die sind auch in ihrem Beruf heute nicht mehr so streng wie früher und erlauben eine Menge Experimente. Andererseits machen sie Eleganz in gewissem Maße erstrebenswert: Ihr Stil erlaubt es der Journalistin, andere Menschen genausogut auf Abstand zu halten wie sie an sich heranzulassen – es liegt ganz bei ihr, denn ihr Äußeres lädt nicht zu falschen oder voreiligen Vertraulichkeiten ein und ist doch alles andere als streng oder gar abweisend. So kann sie ihre Mode und ihr Verhalten spontan oder gezielt, jedenfalls entsprechend der Situation so einsetzen, wie es angemessen ist oder ihr gerade gefällt.

Mode bedeutet für sie, ihr Frau-Sein in allen seinen Facetten auszuleben; Mode ist Zeichen für Individualität, von Lebenslust, von ästhetischem Empfinden.

ELEGANT IN ANZUG UND KRAWATTE

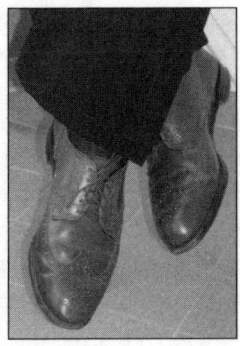

„Bevor ich selbst angefangen habe, Anzüge zu tragen, gab es wenige Frauen, die mir gefallen haben, wenn sie Anzüge trugen. Ich finde auch heute noch, dass es bei manchen einfach peinlich ist." Sagt eine der elegantesten Frauen im Anzug, die ich kenne. Wir haben uns in einem Kreuzberger Café getroffen, um über ihre modischen Vorlieben zu reden. Von Kopf bis Fuß perfekt durchgestylt sitzt sie mir gegenüber, in einem dreiteiligen dunkelgrauen Anzug mit passendem Hemd und Krawatte, passenden Socken und Schuhen. Nichts ist dem Zufall überlassen, sogar das Feuerzeug und das Ledertäschchen, in dem sie Tabak und Zigarettenpapier mit sich trägt, sind stilvoll.

Mit dem, was Modezeitschriften gerade wieder als „Boy Look" anpreisen, hat das nichts zu tun. Der besteht aus Anzügen im Herrenstil, die für Frauen entworfen und gefertigt worden sind und zwar auch mit „männlichen" Accessoires kombiniert werden können, aber doch am besten – weil es witziger und vor allem sexy sei – mit äußerst femininen Accessoires kombiniert werden sollen: mit High Heels und Handtasche, mit Ansteckblumen an der Hemdbluse oder gar einem transparenten Top unter dem Jackett. Wenn Krawatte, schreibt das Magazin *Elle* im August 2001, dann aber „bitte nie streng binden, sondern entweder weit aufgezogen oder wie einen Schal offen um den Hals tragen." Eigentlich ist hier eher von „Hosenanzügen" die Rede, also Anzügen für Frauen im Gegensatz zum „Anzug", der immer ein Männeranzug ist und den mit einem Paillettentop oder hochhackigen Sandalen zu kombinieren ein klarer Stilbruch wäre. Hosenanzüge hat Silke auch ausprobiert, aber die waren nicht ihr Ding: Sie fühlte sich darin immer wie eine Tunte, fast so verkleidet wie im Kleid. Irgendwas stimmte nicht, fühlte sich falsch an, sie und ihre Bewegungen und ihr Hosenanzug passten nicht zusammen. Die Anzüge, die sie mittlerweile trägt, sind echte Herrenanzüge, vom Flohmarkt oder aus dem Kaufhaus, die ihr, wie ich auf meine erstaunte Nachfrage ob ihrer schmalen Gestalt erfahre, gut passen, höchstens leicht geändert werden müssen. Sie passen ihr aber nicht nur, sondern sie passen auch zu ihr: Der Gesamteindruck ist stimmig. Einen Bruch gibt es hier nicht, wie in den beschriebenen neuesten Modetrends, wo der maskuline Anzug kontrastiert mit den femininen Accessoires, wo es weniger auf den Typ der Trägerin ankommt als auf eine relativ unerwartete (wenn auch längst nicht mehr neue) Kombination unterschiedlicher modischer Kleidungsstücke und Accessoires: da stehen die Kleider im Vordergrund, nicht die Einheit zwischen Frau und Kleidung. Bei Silke ist es gerade diese Einheit zwischen der Person und ihrem Outfit, die besticht – eine erstaunliche Einheit, denn trotz der maskulinen Kleidung von Kopf bis Fuß wirkt sie keineswegs „männlich", sondern durchaus weiblich auf sehr eigene Art. Das liegt nicht nur an ihrer schlanken Schwimmerinnenfigur und dem schmalen Gesicht, sondern auch an der Körpersprache, den Bewegungen der Hände, des Kopfes, der Redeweise, dem Gang: alles mitnichten männlich. Es ist nicht ihr Ziel, wie ein Mann auszusehen, auch nicht unbedingt „androgyn" – ein schwieriger Begriff ohnehin –, sondern eben wie sie selbst. Und ohne es näher begründen zu können, fühlt sie sich so; ohne dass ich es näher erklären könnte, wirkt sie so nach außen. In Frauenkleidern kann ich sie mir tatsächlich nur schwer vorstellen. Ihre Weiblichkeit nehmen indessen nicht alle sogleich wahr. Immer wieder wird sie beispielsweise angemacht, wenn sie eine öffentliche Damentoilette betritt; sie ist natürlich nicht die einzige Lesbe, die solche Geschichten erzählt. Die anderen anwesenden Frauen reagieren, ohne sich einen Moment zu nehmen, um genauer hinzusehen, sofort heftig auf den Anzug und die kurzen Haare, vielleicht auf eine Körpersprache, die nicht völlig eindeutig klassisch weiblich ist. Diese modischen Signale, die in unserer Kultur offensichtlich immer noch männlich konnotiert sind, wirken in ihrer vordergründigen Plakativität offenbar in manchen Situationen immer noch unmittelbarer als die feineren Unterscheidungsmerkmale, die eigentlich im Laufe des 20. Jahrhunderts mit der Ausdifferenzierung unserer sozialen Strukturen und mit dem Wandel der Mode immer wichtiger geworden sind. Vielleicht bedarf es auch eines geübteren Blicks und eines größeren Interesses an weiblicher Vielfalt, als ihn eine durchschnittliche, auf klare Unterscheidungen zwischen Männern und Frauen trainierte Hetera in einem durchschnittlichen, heterosexuell dominierten Kontext hat, um die vielen Facetten von Weiblichkeit, die es gibt, sofort erkennen zu können (oder auch nur erkennen zu wollen).

Wie reagieren Frauen in anderen Zusammenhängen, beispielsweise im Job, auf sie? Na ja, was die reden, sobald sie den Rücken gewandt hat, weiß sie natürlich nicht; die meisten verhalten sich ihr gegenüber ganz normal. Nun herrschen im Beruf ohnehin die klaren Regeln eines sachlichen, zivilisierten Umgangs miteinander, die das Leben erleichtern. Nur selten spürt sie in ihrem Gegenüber eine leichte Angst vor der „Perversion". Die meisten Kolleginnen und Geschäftspartnerinnen gehen souverän mit der Frau im perfekten Männeroutfit um, einige zeigen deutliches Interesse an diesem Spiel mit männlichen Attributen, und manche entwickeln gar einen Sinn für das erotische Moment darin. Lesben tun das sowieso, ihnen ist der Anblick vertrauter, wenn die eine oder andere auch zuweilen kritisch fragt, warum eine Frau sich unbedingt wie ein Mann anziehen müsse ... Überbleibsel aus feministischen Zeiten, die ihre Berechtigung haben und doch an der Sache vorbeigehen: Silke ist immer bewusst, dass sie eine Frau ist und auch sein will, und: dass sie eine Geschäftsfrau ist, die sich manches im Umgang mit männlichen Kollegen erleichtert, wenn sie auf die traditionellen weiblichen Inszenierungen verzichtet. Die Männer nehmen das Business-Outfit wahr und reagieren darauf; kein Dekolleté und kein nacktes Knie lenkt sie ab und verführt sie dazu, die Frau – und sei es noch so kurz – eher als erotisches Objekt denn als gleichberechtigte Partnerin in einer Sache zu sehen. Sie selbst ist mit ihrer Kleidung davor gefeit, in bestimmte Weibchenverhaltensweisen zu verfallen, wie etwa technischen Unverstand zu heucheln, wo gar keiner ist. Für die Geschäftsführerin der Webagentur wäre das auch zu dumm. Aber es kommt ja nicht selten vor, dass Frauen, auch emanzipierte, im Umgang mit Männern unwillkürlich solche klischeehaften Rollen übernehmen. Die Psychoanalytikerin Joan Riviere hat bereits in den 20er Jahren in einem mittlerweile zum Zentraltext der Gender-Debatten avancierten Aufsatz „Weiblichkeit als Maskerade" bei beruflich erfolgreichen Frauen ihrer Zeit eine Neigung zum unangemessenen weibchenhaften Verhalten entdeckt, das sie als typische Maskerade der Weiblichkeit bezeichnet und so erklärt: Solche Frauen nähmen den Männern ihr (vermeintlich) Ureigenstes weg, nämlich beruflichen Erfolg und gesellschaftliche Macht – in der Sprache der Psychoanalyse kastrieren sie sie. Aus Angst vor der Rache der Männer „verkleiden" sie sich dann unbewusst als Frauen, benehmen sie sich unterwürfig und weibchenhaft, verbergen ihr Wissen und stellen sich dumm. Der Witz an Rivieres Ausführungen ist ihre Schlussfolgerung, dass es keinen Unterschied zwischen echter Weiblichkeit und der Maskerade der Weiblichkeit gebe. Eine Lesbe, so könnte man folgern, hat eine solche Maskerade gar nicht nötig, weil sie auf die Gunst der Männer in viel geringerem Maße angewiesen ist als eine Hetera. Das würde nicht nur bedeuten, dass sie solche Spielchen nicht so selbstverständlich mitspielt, sondern auch, dass sie eben nicht „weiblich" oder „Frau" im üblichen Sinne der Maskerade ist, sondern dass für sie andere Kriterien für Frausein gelten.

Die Anzüge sind Teil einer Identität, die sich der Maskerade der Weiblichkeit entzieht. Bei Silke war es ihre Berufstätigkeit, die sie auf dieses Kleidungsstück brachte. Früher hat sie viel mit Kleidung experimentiert. Als Kind trug sie bevorzugt Hosen, was sonst; mit ihren Freunden tauschte sie gern die Rollen: die mussten die Mütter sein, wenn sie Familie spielten, sie war der Vater ... Ein lesbisches Gen? Ach Unsinn. „Ich denke vielmehr, dass es so eine Art Zufallsschalter ist, der über Identitätsentwicklungen entscheidet. Ich hatte einen älteren Bruder, und der war einfach mein Maßstab für das, was man sein konnte und was ich werden würde. Warum er? Wahrscheinlich ist er gerade im richtigen Moment meiner Entwicklung an mir vorbeigehoppelt, hat sich meinem Blick geboten, und dann war es eben er und nicht jemand anderes, der mein Modell wurde." Natürlich hat sie sich als Kind nicht lesbisch gefühlt, aber schon irgendwie „anders". Und so passte sie nicht in vorgegebene Erwartungen an ihre Geschlechterrolle und auch nicht in die dazugehörige Kleidung. Zum Glück war ihre Mutter in dem Punkt ziemlich liberal und außerdem pragmatisch; die Hosen waren schließlich auch praktischer als die Kleidchen (die sie trotzdem manchmal tragen musste), strapazierfähiger und leichter zu reinigen. Als Heranwachsende und junge Erwachsene in den 80er Jahren machte sie verschiedene Moden mit: weite Hemden, Malerhosen, sportliche Kapuzenpullover, ärmellose T-Shirts ... Damals hat sie noch mehr Sport getrieben als heute, sie ist geschwommen, hat Judo und Kampfsportarten praktiziert und blieb sicher nicht unbeeinflusst von dem Körperkult, der damit verbunden war. Sport war für sie nie ein Mittel, eine gute Figur zu bekommen und zu halten. Sie bewegte sich gern, bewegte sich gern so; Sport machte ihr einfach Spaß und gab ihr ein gutes Gefühl für sich und den eigenen Körper. Aber natürlich gefiel ihr auch der Körper, den der Sport zum Vorschein brachte, und sie zeigte ihn durch Muscle Shirts und ähnliche körperbetonte Sportmoden auch im Alltag. Heute hingegen kultiviert sie eher das Spiel des Verhüllens; es ist subtiler, dabei aber nicht weniger reizvoll-erotisch. In Lesbenkreisen ist der Körperkult, anders als bei Schwulen, lange verpönt gewesen. Eine politisch korrekte Frau beurteilte andere Frauen nicht nach ihrem Äußeren, sondern nach ihren inneren Werten; oder man wertete die Schönheitsnormen um und gab beispielsweise die Parole aus: „Fat is beautiful." Stimmt auch nicht immer, oder? Und Schönheit kommt nicht nur von innen, sondern hat auch viel mit einem gepflegten Äußeren, mit Haltung, Kleidung, Stil zu tun. „Wenn ein Schwuler einen Knackarsch schön findet, ist das okay; eine Lesbe, der der knackige Hintern einer Frau gefällt, ist sexistisch", kritisiert Silke die undifferenzierte „politische Korrektheit", die viele Lesben auch heute noch demonstrieren. Die könne schnell in Körper- und Lustfeindlichkeit umschlagen und zur freudlosen Mausigkeit werden. Zum Glück habe sich in den letzten Jahren aber doch vieles geändert; die Lesbenszene sei hedonistischer geworden, und man dürfe auch schon mal zugeben, dass man bestimmte Körper (und übrigens auch bestimmte Kleider) schön und sexy findet und andere nicht. Ohnehin haben nicht alle den gleichen Geschmack, dem Himmel sei Dank, und Schönheit habe schließlich nur bedingt mit gutem Aussehen zu tun. Gutes Aussehen – das seien eher erlernte Ideale: harmonische Züge, bestimmte Körperformen. Gutes Aussehen sei oberflächlich, relativ leicht produzierbar und zeitgeistabhängig, es habe mit Schönheit nichts zu tun. Schönheit beziehe sich auf ganz andere Qualitäten. Schön sind in Silkes Augen alte Menschen, denen man ihr gelebtes Leben, ihre Erfahrungen ansieht; auch Kinder, die noch am

Anfang einer Entwicklung stehen und offen und durchschaubar sind, die noch ein großes Potential für das Leben haben.

Silkes Tendenz, sich der Welt, vor allem Männeraugen, nicht zu deutlich als Frau, also als sexuelles Wesen, zu präsentieren, ist unverkennbar; dann fühlt sie sich verletzbar, und das war schon immer so. Lieber neutralere Kleidung – was nicht heißt: unauffällige. Im Gegenteil: Sie fällt gern auf, offensichtlich, sonst würde sie sich kaum so kleiden, wie sie es tut. Dazu gehört auch ein gewisser Mut, wenngleich sie findet, dass das viel weniger der Fall ist, seit sie genau weiß, in welcher Kleidung sie sich wohl und mit sich selbst im reinen fühlt. Neutrale Kleidung heißt für sie einfach: nicht zu offensiv sexy im traditionellen Sinne. Sie trägt auch heute noch zuweilen den eher sportlichen Look. Die Vorliebe für Anzüge kam langsam und ergab sich aus Erfordernissen im Beruf. Frauen-Hosenanzüge waren nicht das richtige; als sie den ersten Männeranzug anhatte, wusste sie, dass sie ihren Stil gefunden hatte. Sie zog Anzüge erst zur Arbeit an, fand dann, dass sie Konsequenz zeigen sollte, und trug sie immer öfter – und immer perfekter gestylt: wenn schon, dann richtig. Jetzt ist dieses Outfit ihr Markenzeichen und macht sie auch äußerlich unverwechselbar. Voraussetzung dieser Konsequenz in der Selbststilisierung ist: viel Spaß an Mode, Lust an Inszenierungen, ein ausgeprägter Sinn für Stil und für Schönheit. Eleganz ist ein Schlüsselwort für sie. Eleganz ist, nachdem sie einige Jahre lang ein völlig veraltetes Konzept schien, mittlerweile wieder wichtig geworden: in der Gestaltung von Büchern, Möbeln, Werbemitteln, Texten – und natürlich auch der eigenen Person. Eleganz bedeutet eine klare Linie, die man klassisch nennen könnte, das Fehlen von Übertreibung, bedeutet eine gewisse Anmut der

Bewegung, bedeutet vor allem Stimmigkeit und Ausstrahlung.

Ist sie eine Butch? Na ja ... nein. Aber: „Welche Rollenvorbilder gab es denn, als ich eine junge Lesbe war? Wir haben keine Geschichte der Vielfalt. Femmes, Butches, dann die neutraleren Frauen ... Natürlich habe ich eine Menge von der Diskussion um die Butches gelernt, als das Thema in Deutschland aufkam. Lange war es ja verpönt gewesen; aber dann redete man wieder drüber, und es hatte was, worin ich mich wiedererkannte ... Ich definiere mich trotzdem nicht als Butch, weil zu dem Konzept meiner Meinung nach die Femme als Gegenpol gehört und mir die Schublade ohnehin zu eng ist." Zwar schätzt sie Aspekte des Rollenspiels, das schon; ein chevaleresker Zug an ihr ist unverkennbar. Aber sie will sich das Spielerische am Rollenspiel nicht nehmen lassen, und die Frauen, in die sie sich verliebt, sind keine klassischen Femmes. Zu einer solchen gehört Silkes Meinung nach, dass ihre Feminität und deren Inszenierung durch Mode und Accessoires im Mittelpunkt steht. Das trifft auf ihre Freundin nicht zu, eine sehr feminine und attraktive Frau, deren Präsenz und Ausstrahlung noch mehr ins Auge fällt als ihr hübsches Äußeres. Geist und Humor sind Silke denn auch besonders wichtig, auch wenn sie sich natürlich bestimmten äußeren Signalen nicht entziehen kann und es schon sehr wichtig findet, dass eine Frau, zumal ihre Freundin, ihren eigenen Stil hat und auf ihr Äußeres achtet. Kein Zufall, dass sie sich eher in einen bestimmten Typ Frau als in einen anderen verliebt. Ganz sicher nicht in eine Frau in Anzug und Krawatte; das wäre ihr viel zu spiegelbildlich. „Zu dem, was in einer Beziehung spannend ist, gehören Differenz und der Wunsch, die Fremdheit zu überwinden. Das ginge nicht mit einer Frau, die mir so ähnlich ist."

DU SAHST SCHON IMMER SO LESBISCH AUS ...

Jenny besucht mich, um mir Fotos von ihrer Amerikareise zu zeigen. Sie hat außerdem Aufnahmen von früher mitgebracht (Jenny ist fünfundzwanzig), um mir zu demonstrieren, wie sich ihr Stil geändert hat. Als erstes müssen wir über Haare reden, denn Jenny kommt frisch von der Friseurin und hat nicht nur eine neue, sehr schöne und sehr rote Haarfarbe, sondern auch einen anderen Schnitt als im letzten Jahr. „Sehe ich noch lesbisch aus?" fragt sie ironisch. „Sonst gehe ich sofort zurück und lasse sie mir ganz kurz schneiden." Das Unlesbische an ihrer wirklich überraschend neu aussehenden Frisur ist nicht nur die Farbe – aus unerfindlichen Gründen lassen sich nur wenige Lesben die Haare rot färben; Lesben bevorzugen anscheinend weißblond und tiefschwarz. Warum das so ist, bleibt uns beiden Rothaarigen ein Rätsel. Unlesbisch ist auch die Länge. Zwar ist es noch ein Kurzhaarschnitt, aber nicht so rundum raspelkurz wie zuletzt (was Jenny von der Sekretärin im Büro die Anrede „junger Mann" einbrachte), sondern etwas länger, weicher, mit zipfeligem Nacken und langen „Koteletten". Als Jenny mir aufzeichnet, was einen lesbischen von einem Heterakurzhaarschnitt unterscheidet, sind es natürlich genau diese beiden Elemente. Der klassische Lesbenschnitt hat einen klar definierten, oft sauber ausrasierten Nacken, nicht diese Zipfel, die über die Kürze der Haare hinwegtäuschen, also die Frisur irgendwie verweiblichen sollen, und schon gar nicht solche ebenfalls zipfeligen Koteletten. Jenny sieht süß aus mit diesen Haaren, aber in der Tat nicht mehr in erster Linie lesbisch – oder besser gesagt, sie sieht zwar durchaus noch lesbisch aus, aber das bewirken eher ihre Haltung, ihre Körpersprache, auch ihre Kleidung.

Damit sind wir mitten im Thema. Woran erkennt man eine Lesbe? Gibt es den klassisch lesbischen Stil noch, oder hat sich das alles längst geändert? Und wenn ja, wie und warum? Als Jenny mit ungefähr zwanzig ihr Coming-out hatte, war die Reaktion von vielen in ihrer Umgebung: „Das haben wir uns schon gedacht, du sahst schon immer so lesbisch aus." „Ihr Arschlöcher", dachte Jenny damals, „warum habt ihr mir nichts gesagt?" Denn ihr selbst war lange nicht klar gewesen, dass sie „anders" war; sie fühlte sich nicht wirklich anders. In manchen Punkten schon, sicher: zum Beispiel interessierte sie sich nicht für Männer (oder damals noch Jungs), was sie aber nicht weiter störte und auch niemanden sonst. Ihre Freundinnen schätzten sie als Gesprächspartnerin rund um Thema Beziehungsprobleme, weil sie alle diese Dinge irgendwie von außen sah. Aber es kam ihr damals nicht in den Sinn, das zu problematisieren. Es gab Wichtigeres in den neuen Bundesländern der

90er Jahre, zum Beispiel Umweltschutz und Politik. Für Kleidung interessierte sich Jenny ähnlich wenig wie ihre Freundinnen, oder besser: Sie spielten mit Stilen, Hippie, Punk, alternativ, ohne daraus eine Mode oder eine Überzeugung zu machen. Man trug die Stile durcheinander, wie es gerade kam, Hauptsache lässig und nicht bürgerlich-angepasst. Darin unterschied sich Jenny kein bisschen von ihren Freundinnen; lesbisch war ihr Stil also mitnichten. Sie experimentierte mit Frisuren, trug die Haare meist kurz, mal als Irokesenschnitt, mal wenig gestylt, einmal auch schulterlang mit Mittelscheitel, was sie auf den Fotos ausgesprochen brav aussehen lässt. Wieso sie, die sich zurechtmachte (oder auch gerade nicht zurechtmachte) wie viele ihrer Schulfreundinnen, deswegen lesbisch ausgesehen haben soll, ist ihr auch nicht recht klar; da muss noch etwas anderes mitgespielt haben, eine Ausstrahlung, ihre Körpersprache vielleicht? „Ich mochte schon als Kind keine Kleider", sagt sie, „aber schon das ist zuviel gesagt: Ich habe sie einfach nicht angezogen. Man könnte vermuten, dass das auf Lesbischsein verweist, aber genausogut könnte man behaupten, dass es nichts zu bedeuten hat. Ich habe auch nie mit Puppen gespielt, sondern Cowboy und Indianer. Gilt ja wohl als typisch. Aber wenn sich darin eine Rebellion gegen traditionelle Weiblichkeitsbilder verbirgt, dann verbirgt sie sich wirklich gut und ist ziemlich unbewusst. Wahrscheinlich suchen Menschen immer irgendwelche Sinnzusammenhänge, und für meine Umwelt ist es leichter zu sagen, dass sich in solchen Vorlieben für Hosen und für Winnetou schon immer mein Lesbischsein gezeigt habe." Ihre Eltern scherzen noch heute, sie hätten Jenny zur Lesbe gemacht, indem sie sie von Anfang an in Jungskleider steckten und ihr die Haare kurz schnitten – ein ungewöhnlich liberaler Umgang mit der Homosexualität ihrer einzigen Tochter. Jenny kennt natürlich auch all die anderen Geschichten, die Tragödien und Zwänge, die sich in manchen Familien abspielen, wenn die Tochter oder der Sohn ihr Coming-out haben. Aber ihr ist das erspart geblieben. Für generationentypisch hält sie die Reaktion ihrer wesentlich jüngeren Brüder: „Die fanden das völlig unproblematisch, darüber musste nicht weiter geredet werden." Homosexualität ist in der jüngeren Generation „normal" geworden. Es gibt ja auch immer mehr junge heterosexuelle Frauen, die ganz gern mal mit einer Frau schlafen. Gut findet Jenny diese Normalisierung, aber manchmal auch nervig. Denn oft sei es nur eine Pseudotoleranz, die ihr entgegenkomme, gerade in hippen Kreisen: Da seien Schwule mit ihrer Konsumhaltung voll anerkannt, ja gelten als schick. „Aber als Lesbe muss ich selbst dafür sorgen, dass ich überhaupt vorkomme. Wenn ich sage, ich sei Lesbe, heißt es zwar ganz cool, das sei voll okay, aber es ist eben auch kein Thema, wird einfach totgeschwiegen. Da komme ich nicht vor und muss mich, meine Sexualität, mein Begehren in ständigen Coming-outs immer wieder selbst hervorbringen."

Was sie sich wünscht? Dass Lesbischsein eine Lebensform wie alle anderen Kulturen ist, die sich weder ständig absetzen und sich ihrer Besonderheit versichern noch im großen Ganzen aufgehen und damit unsichtbar werden muss. Den Begriff Mainstream, den ich öfter verwende, stellt sie in Frage: Gibt es den überhaupt noch? Was ist denn Mainstream? Eine demokratische Mehrheit, die über irgendwas entscheidet? „Ich glaube nicht, dass die alte Dialektik von Dazugehören und Sich-Absetzen/Ausgegrenztwerden so noch funktioniert. Eher gibt es eine Vielfalt, die sich ständig verändert." Die Generation der 90er Jahre ist nicht mehr „gegen" etwas, muss sich nicht mehr abarbeiten; das ermöglicht Heterogenität. Sie selbst findet den Aufklärungsduktus der Lesben und Schwulen zwischen dreißig und fünfzig eher problematisch: „Wir klären auf, wir machen die Welt homosexuell" – was soll das? Das ist das alte Entweder-Oder-Denken, das sich ihrer Ansicht nach überlebt hat.

Kein Wunder, dass es nur noch wenige klare Codes für Lesben gibt, dass sich die Kleidungsstile von Lesben und Heteras einander angeglichen haben. Es ist nicht mehr so leicht wie früher, Lesben an ihren Kleidern oder an ihren Frisuren zu erkennen – nicht unbedingt, weil die Lesben femininer würden, sondern eher, weil die Mode sich insgesamt mehr in die sportlich-lesbische Richtung bewegt hat. Zwar gibt es immer noch bestimmte lesbische Klassiker, wie das Outfit aus Jeans, schweren Schuhen, Lederjacke, kurzen Haaren. Aber heute, so meint Jenny, störe sie das eher, dieses Uniformierte, dieses Bestreben, sich abzusetzen, auch diese ewigen Stereotypen. Vielleicht sei das aber einfach eine Frage ihres eigenen Selbstbewusstseins. Sie habe das früher gebraucht und brauche es heute nicht mehr so. Deswegen könne sie mit Stilen, Haarfarben und -schnitten leichter spielen. Allerdings sind es mehr die Farben als die Formen, die sich ändern; sie trägt weiter, wie schon seit Jahren, Hosen und T-Shirts beziehungsweise Pullover, aber statt Stoffhosen trägt sie neuerdings wieder gern Jeans, und die T-Shirts sind erheblich farbiger als früher, als sie wohl kaum Pink oder Flieder zu roten Haaren getragen hätte. Dunkle, gedeckte Farben, die mochte sie schon immer und mag sie noch, aber sie sind nicht mehr die einzigen. Ein Kleid käme allerdings auch heute nicht in Frage – „aber wer weiß, was sich noch alles ändert?" Als ein schwuler Freund ihr vor einigen Jahren zum ersten Mal die Haare schnitt, litt sie eine Stunde lang unter der Schere Höllenqualen, weil sie fürchtete, er, der den Lesbeneinheitsschnitt blöd fand, könnte ihr eine hippe Frisur verpassen, mit der sie unlesbisch aussehen würde; heute ist es ein Scherz, wenn sie von der Friseurin kommt und fragt, ob sie noch lesbisch genug aussieht.

Insgesamt konstatiert sie für Lesben ihrer Generation eine ähnliche Heterogenität der Stile, wie sie gesamtgesellschaftlich zu beobachten ist. Zwar gebe es noch bestimmte klassische Stile, den Ökostil etwa oder die Jeans-und-Lederjacken-Fraktion. Aber das sei alles nicht mehr zwingend, sondern werde eher spielerisch betrieben – wie auch das Spiel mit Vorstellungen von Weiblichkeit und Männlichkeit. Butch-Femme-Paare gehören einer anderen Altersgruppe an, behauptet sie, „zumindest als Lebensform. In meiner Generation ist das höchstens noch ein Spiel mit Kleidern und Vorstellungen." Dogmatismus ist out, es lebe die Vielfalt.

Als sie sich vor einigen Jahren ihres Lesbischseins bewusst wurde und beschloss, nun aktiv so zu leben, änderte sie ihren Stil nicht wirklich – sie zelebrierte ihn nur etwas mehr. Die große Frage war für sie, wie sie andere Lesben kennenlernen, wie sie sie überhaupt erkennen könnte. Das Problem löste sich durch einschlägige Veranstaltungen an der Uni, wo sie andere Lesben traf und eine Art Heimat fand – und eben auch lernte, wie Lesben aussehen und sich bewegen, nämlich gar nicht so anders als sie selbst. Letztlich lautet ihr Fazit, dass es kaum die Kleidung sei, die eine Frau als Lesbe erkennbar mache, darin könne man sich ganz leicht täuschen. Was viel mehr zähle, seien Körpersprache und Blicke, Blicke vor allem. Wenn

Jenny in einen Raum kommt, nimmt sie als erstes wahr, was sie die Verteilung der Aufmerksamkeit nennt: Welche Frau sieht sie wie an, wie lange vor allem? Sie selbst schaut andere Frauen an und erkennt an deren Reaktionen (ein etwas längerer Blick, ein Aufblitzen im Blick), ob sie lesbisch sind. „Vielleicht erkenne ich viele Lesben nicht, aber ich erkenne Heteras." Jede Hetera kann kurze Haare, Jeans und schwere Schuhe tragen, und doch erkennt man sie als Hetera aufgrund ihrer Art, sich zu bewegen, andere Frauen anzusehen und unter Umständen sogar anzumachen: selbst darin unterscheiden sie sich. Wahrscheinlich, so meint Jenny, sei der Kern der Sache das Begehren, das Begehrenwollen und Begehrtwerdenwollen: „Nicht als ob ich alle Lesben begehrte, um Himmels willen. Aber es ist das Potential da." Und es gehe ja ums Erkennen, nicht ums Anbandeln; um die Möglichkeit, sich verschwörerisch zuzulächeln und zu wissen, dass man nicht die einzige ist. Und ohnehin geht Jenny nicht mehr durch die Straßen, um Lesben zu sehen, wie während ihrer ersten Zeit als junge Lesbe in Berlin; heute hat sie das nicht mehr nötig.

Dennoch: Was steuert Jennys Blicke im allerersten Moment, außer die Blicke der anderen? Das sind dann doch tatsächlich bestimmte Outfits, Frisuren, Körperhaltungen, die zumindest die Vermutung aufkommen lassen, dass die andere lesbisch sein könnte. Würde sie mit der gleichen Aufmerksamkeit eine im traditionellen Sinne extrem feminine Frau „scannen"? Wohl eher nicht, auch wenn das mitnichten bedeutet, dass sie solche Frauen nicht attraktiv findet, ganz im Gegenteil. Aber ihre unmittelbare Aufmerksamkeit in einer unbekannten Umgebung erregen erst einmal die anderen, bei denen die Wahrscheinlichkeit, dass sie Lesben sind, größer ist. Bestimmte Bilder haben wir offensichtlich alle tief verinnerlicht ... Das alles ist natürlich auch kontextabhängig; in einer Lesbenkneipe zum Beispiel wirkt die feminine Frau gleich ganz anders. Wie überhaupt alle Codes (Kleidercodes, Bewegungscodes, Sprachcodes) nur in bestimmten Kontexten funktionieren, egal ob sie spielerisch oder ernsthaft eingesetzt werden.

Kleider sind dazu da, sich darin wohl zu fühlen, aber auch, um damit zu spielen, Identitäten und Stimmungen auszuprobieren. Das gleiche gilt für Frisuren. Womit man nur in etwas geringerem Maße spielen kann, ist die Ausstrahlung, die man hat. Aber auch die kann man pflegen und bewusst einsetzen oder absichtlich herunterspielen. Gesten, Blicke, Haltungen kann man verändern oder perfektionieren. Insofern ist Lesbischsein weniger eine Frage der Kleidung, als vielmehr eine Lebensform, die ständig performativ inszeniert wird und damit auch das Potential der Veränderung enthält.

Meine Freundin ist die Mikrofaser

Zwei Kölner Medienfrauen: eine, in ihren Vierzigern, steht als Entertainerin im Rampenlicht, auf der Bühne, vor der Kamera; die andere, Ende Dreißig, arbeitet gewissermaßen hinter der Kamera, zieht die Fäden als TV-Journalistin. Zwei lebendige, attraktive, modisch gekleidete Frauen, die eine bekennender Mode-Fan, für die andere ist Mode vor allem Arbeit, denn für eine Entertainerin ist die passende Kostümierung wesentliches Element des Auftritts. Die beiden arbeiten nicht zusammen, sind aber ein Paar, und über Mode, Business-Kleidung, Kostüme unterhalten sie sich trotz des unterschiedlichen Interesses, das sie daran haben, ziemlich häufig miteinander. So erklärt Anne gleich zu Beginn unmissverständlich, dass sie es glücklicherweise geschafft habe, Solveig zu einer Stylistin zu schleppen, die deren Stil endlich mal aufpeppe. „Du hättest sie sehen sollen, als ich sie kennengelernt habe: trutschig ..."

Wir treffen uns in einer Bar, wo wir bei Sekt und Sushi einen viel zu kurzen Nachmittag über Mode und Schönheit, über Maskeraden und Authentizität reden und eigentlich kein Ende finden. Darum muss das Gespräch später weitergehen, am Telefon, per E-Mail. Anne hat mich vor längerer Zeit für einen Film, den sie über Mode gedreht hat, interviewt, jetzt sind die Rollen vertauscht, was uns beiden Spaß macht. Mit ihrer hochgeschobenen Sonnenbrille, der engen Bluse, deren oberste Knöpfe offen stehen und viel Dekolleté sehen lassen, der Steppweste darüber sieht sie modisch und feminin aus wie immer. Ihr Leben lang schon hat sie Mode geliebt; an wichtige Ereignisse ihres Lebens erinnert sie sich, indem sie sofort die Kleider damit verbindet, die sie damals trug. Als Kind hatte sie ein paar Lieblingsstücke, zum Beispiel ein kariertes Kleidchen. „Der Stoff war so schön, so sinnlich – neulich hätte ich mir fast eine Bluse von Hilfinger gekauft, weil sie ein ähnliches Karo hatte wie das Kleid damals." Karos, wirft Solveig ein, die eine enge Hose und eine taillierte rote Bluse trägt, das sei so ein typisches Element des „englischen" Stils ihrer Freundin, der an ihr erstaunlicherweise gar nicht langweilig wirke. Auch Farben wie Rosé oder Grün sehen an ihr super aus, weil sie zum Hautton passen. Aber Anne brauche auch nur eine weiße Bluse zu tragen, immer einen Knopf zuviel geöffnet, „und sie sieht umwerfend aus, vollkommen spektakulär." Sie selbst hingegen, behauptet Solveig, habe schon immer Probleme gehabt, sich anzuziehen: „Auch als ich eine gute Figur hatte, haben sich alle eher darüber gefreut, wenn ich meine Kleidung ausgezogen habe."

Anne machte nach dem Abitur erst mal eine Lehre, und ihr ganzes Lehrlingsgehalt gab sie für Mode aus. Es gab nur ein, zwei akzeptable Boutiquen in dem kleinen Ort, in dem sie lebte, und ab und zu fuhr sie über die Grenze nach Holland, um einzukaufen. Aus Geldnot trug sie oft „schräge Sachen". Die wurden dann aber von anderen als besonders originell bewundert, und so setzte sie Trends mit ihren „Schrammelsachen". Das Vermischen und Verändern wurde zum Prinzip. Ihre Großmutter brachte ihr auf einer alten Singer das Nähen bei, was es ihr ermöglichte (nicht immer ganz im Sinne der Oma), ihre Kleider zu verändern, um etwas unverwechselbar Eigenes daraus zu machen, ob der angesagte Trend nun Öko, Hippie oder Schlabberlook war. Noch heute liebt sie die Stilbrüche: zum Beispiel Turnschuhe zum langen Kleid oder ein Designer-Leinentop mit Rüschenärmeln, kombiniert mit einer Jeans oder auch einem Cordrock. Das liege sicher zum Teil daran, so erklärt sie, dass sie das Glück hatte, in ihrer Jugend eine geschmackssichere Tante und später, mit Mitte Zwanzig, eine ebensolche Freundin zu haben, von denen sie eine Menge gelernt hat. Denn natürlich sei sie nicht immer so sicher in ihrem eigenen Stil und in ihren zelebrierten Stilbrüchen gewesen. Die können auch ganz schön danebengehen ... Das allzu Harmonische jedenfalls, „das bin ich nicht, höchstens mal zu einem besonderen Anlass als ein Stil unter anderen."

Solveig bewundert die intuitive Kreativität Annes im Umgang mit ihrer Kleidung; sie selbst hingegen ist systematischer und schätzt eher die Integration der Teile zu einem harmonischen Ganzen. Sie mag den Hauch Extravaganz, der eine gehobene Individualität ausdrückt, Geschmack ist ihr wichtig, aber Kleidung ist für sie vor allem eine Frage des Jobs. Während Anne Einkaufsbummel als entspannendes Freizeitvergnügen über alles liebt und in jeder fremden Stadt in der erstbesten freien Minute durch die Kleiderläden tigert, ist es für Solveig Arbeit, und sie lässt sich nur höchst ungern dazu überreden. Oder sie macht der Freundin ausdrücklich ein Geschenk damit, dass sie mit ihr bummeln geht. Dabei stammt sie aus einer modisch vorbelasteten Familie. Ihre Mutter war Modistin, ihre Großmutter Goldschmiedin; es gab etliche Schneiderinnen unter den Ahnen. „Bei mir ist das alles versickert." Oder besser: Hat sich verwandelt in einen gestalterischen Impuls, der sich eher auf – zum Beispiel – Möbel richtet. Als Kind wollte sie ein Junge sein, und später fand sie es gut, dass sie im Internat eine Schuluniform tragen musste, „da musste man nicht nachdenken". Aber ganz ohne Mode ging es trotzdem nicht: Sie kaprizierte sich auf Schuhe und trug nur das Beste und Feinste, „Plateaus ohne Ende", aber auch klassische College-Schuhe, jedoch niemals „Pumps". Der Ton, mit dem sie das Wort ausspricht, trieft vor Verachtung ... Das Klosterinternat hatte auch den Vorteil, dass man so viele schöne junge Frauen in ihrer neu erwachten Weiblichkeit sehen konnte. Die Jüngere fand die „Großen" in ihren knallengen Tops mit tiefen Ausschnitten und kurzen Röcken durchaus erotisierend. In der Schule hatte sie auch ihrer erste „Knutschfreundin" und ihre erste große Liebe, eine Frau, an der Uni. Lesbisch wollte sie trotzdem noch viele Jahre nicht sein, denn sie war damals konservativ gesinnt, wollte Familie und Kinder, hatte Freunde und irgendwann auch einen Verlobten. Das mit den Frauen war keine bewusste oder gar politische Entscheidung, sondern es ergab sich aufgrund der Menschen, in die sie sich verliebte. Bei männlichen wie bei weiblichen Geliebten war ihr übrigens meistens nicht so wichtig, wie die sich anzogen, auch wenn sie natürlich gepflegte, gutaussehende Menschen schätzt.

An sich selbst mochte Solveig elegante Kleidung in guter Qualität, aus schönen Materialien. „Aber das Problem", so erklärt sie temperamentvoll, „ist, dass ich mein Leben lang belästigt wurde, wenn ich im traditionell weiblichen Sinne gut aussah. Ich habe nun mal weibliche Formen, einen großen Busen, und die Typen liefen mir nach. Das war schon ganz schön anstrengend." Irgendwann nahm sie ein paar Kilo zu, und damit änderte sich ihre modische Orientierung; nichts passte mehr so recht, die schönen Kleider sahen irgendwie komisch aus. Da zog sie dann eben irgendeine Hose und irgendeinen Pulli an, Schluss. „Denn das Thema Übergröße fängt doch bei Größe 44 an, und mal ehrlich: Ist das denn wirklich so groß?" Die Klamöttchen in den Läden würden anscheinend nur noch für magersüchtige Pubertierende gemacht. Was da heute als Größe L verkauft werde, passe allenfalls einer Konfektionsgröße 38. Diese Schlankheitsideologie ist für Solveig ein politisches Thema, das wichtiger ist als die Frage, ob Lesben und Heteras sich unterschiedlich anziehen. „Und dabei werden wir von Zwergen und Schwammbäuchen regiert ..." Dementsprechend vehement verneint sie die Frage, ob ihre Kleidung mit ihrem Lesbischsein zu tun habe. Mit ihrer Arbeit ja, aber nicht mit ihrem Lesbischsein. Mittlerweile beginnt sie zu akzeptieren, dass sie nicht mehr gertenschlank ist und sich trotzdem – auch privat – schön anziehen und sich wohl fühlen kann, statt nur irgendwas überzuziehen, um sich zu verstecken. Das hat auch mit Anne zu tun, die es einfach zu sehr schätzt, wenn jemand gut angezogen ist, und die außerdem Solveigs Figur mag. Und mit Begeisterung Sachen für Solveig kauft oder ihr ihre eigenen Sachen leiht. Denn manchmal tauschen sie Kleider aus, obwohl sie eigentlich unterschiedliche Stile tragen. Allerdings, räumt Anne ein, stehe sie oft etwas ratlos vor Solveigs Schrank; es ist also eher so, dass sie Solveig etwas leiht, als dass sie sich bei ihr bediente.

Anne trägt neben Hosen auch gern Kleider und Röcke. „Einen Rock habe ich nur deshalb gekauft, weil er so raschelt. Das ist ein sagenhaftes Gefühl: Du bewegst dich, und es raschelt." Solveig würde das verrückt machen, sie will ihre Aufmerksamkeit auf anderes richten als auf ihre Kleidung. Als Kind mochten beide Frauen lieber Hosen. Anne sagt, dass sie sich in ihnen geschützter fühlte – und darin natürlich Fußball spielen konnte. Solveig hasste Kleider sogar. Ihr Lieblingsoutfit waren ein grüner Nicki und eine „kleine schwarze Jungslederhose". Die bekam sie mit drei, und erst als sie zehn war, war die Hose definitiv zu klein geworden. Als sie acht Jahre alt war, wurde sie gezwungen, zu einer Hochzeit ein gelbes Kleidchen, Lackschühchen, Söckchen zu tragen. Irgendwann machte sie sich davon, weil sie von den Festivitäten, mehr aber noch von dem Kleid genug hatte. Am Rheinufer zog sie sich aus, hängte das Kleid sorgfältig an einen Busch und fing unbeschwert an zu spielen, denn unter das Kleid hatte sie schon zu Hause heimlich und weitblickend die Lederhose angezogen ... Noch heute findet sie Kleider unpraktisch; sie trägt sie auf der Bühne, aber eher selten privat. „Die rutschen hoch, zerreißen ..."

Anne hingegen liebt die Vielfalt und das Spielerische an der Mode und folglich auch die unterschiedlichsten Stile. Sie trägt zwar gern Schwarz, weil sie ohnehin so viel Farbe in sich habe, aber dennoch verschmäht sie Farben nicht. Als sie frisch in Solveig verliebt war, kaufte sie sich eine kornblumenblaue Jacke, die besser als jedes Foto für sie diese ganze Zeit mitsamt all ihren Gefühlen enthält; nie würde sie sich davon trennen. Sie mag Karos, Tweeds, kurz: den englischen Stil. Sie mag auch den sportiven Stil; sie mag Röcke, die rascheln; kurze und lange Röcke; elegante Hosenanzüge; feminine Kleider, schöne Krägen, die schützen und die Körper- und Kopfbewegungen verändern. Ihre Wahl hängt immer vom Anlass und von der Stimmung ab; sie würde, wenn sie einen schwierigen Termin hat, immer nur Sachliches anziehen, nichts Aufgedonnertes (was natürlich ein relativer Begriff ist, denn das, was sie als normal schick empfindet, empfinden andere zuweilen schon als „aufgedonkt"). Bei festlicheren dienstlichen Anlässen trägt sie gern einen eleganten schwarzen Hosenanzug, im Sommer einen hellen oder ganz weißen. Sie liebt Handtaschen („Tussi-Taschen") über alles, hat eine ganze Sammlung davon, trägt auch Hüte in allen Varianten und hat ein Faible für schöne Mäntel, ganz besonders mag sie die Version: offener wehender Mantel ... In ihrer Freizeit wiederum läuft sie gern im Survival-Look herum, was Solveig gut gefällt: „Da kommt das Naturkind in ihr raus." Anne träumt von einem weißen Smokinganzug; den würde sie mit High Heels tragen und sich stark schminken, und Solveig würde sie dazu „in eine Corsage zimmern, damit die Ambiguität komplett ist". Feminines, Androgynes, sportlicher Naturlook – Annes modisches Spektrum ist breit, und mit ihrem Lesbischsein hat es nicht viel zu tun. Oder vielleicht doch, schränkt sie ein, denn sie lebt ihre Lust am Frausein auch modisch viel stärker aus, seit sie mit Frauen zusammen ist. Ihre Haare hat sie sich nicht, wie es viele Lesben in ihren Modebiographien schildern, während ihres Coming-out abschneiden lassen, sondern als sie einen Freund hatte; damals war ihr Stil insgesamt burschikoser, „vielleicht war das mein Weg des Andersseins als heterosexuelle Frau." Mit Frauen wurde sie femininer und ließ sich auch die Haare wieder wachsen.

In jedem Fall wählt Anne immer erst morgens und spontan nach Stimmung ihre Kleidung aus, während Solveig sich abends schon die Kleider für den nächsten Tag herauslegt, damit sie darüber nicht nachdenken muss. „Für Stimmungen habe ich morgens keine Zeit." Anne wirft ein: „Stell dir vor, ihre Ex hat ihr früher die Klamotten rausgelegt!" Unvorstellbar für Anne, sich so etwas bieten zu lassen: Als ob eine andere entscheiden könnte, was ich gerade tragen will ... Allerdings legt sie jetzt manchmal im Scherz Solveig die Kleider für den nächsten Tag heraus. Als sie sich kennenlernten, war Anne nach dem ersten, in ihren Augen eher spießigen äußerlichen Eindruck so überrascht von Solveigs tatsächlicher Modernität, wie sie es nennt, dass sie begriff: Hier muss man was ändern, damit die Person zu ihren Kleidern passt. Und sie findet, dass es ihr gelungen sei, also keine aufgedrehten Locken, keine kurzen Röcke, keine langweiligen Hosenanzüge mehr. Die Spießigkeit ist verschwunden, was Solveig ohne weiteres, aber nicht ohne liebevolle Ironie für den Eifer der Freundin zugibt. Insbesondere auf der Bühne, wo so vieles über Kleider und Aussehen kommuniziert wird, hat sie ihren Stil grundlegend geändert; im Alltag stellt sie sich weniger über Kleider dar. Mittlerweile hat sie auch eine Ausstatterin, die richtig gut nähen kann, so dass all die körpernahen Sachen gar kein Problem mehr darstellen, denn sie werden nun auf Maß gearbeitet.

„Ich habe ein Grunddivengefühl, und ich nötige andere, das Gefühl auch zu haben, indem ich eine bestimmte Optik präsentiere." Sie trägt also keine Jeans mit Puschen, keine barocken Brokatstoffe mehr, sondern zum Beispiel: feminine Hosen aus auffallenden Stoffen; ein Leopardenabendkleid, das ihr Dekolleté zur Geltung bringt; oder einen ins Lila spielenden pinkfarbenen Lederanzug, dessen Hosenbeine einen Schlitz haben. Glamouröse und körpernahe Kleidung in jedem Fall, denn „weite Sachen machen mich nervös, ich bewege mich dauernd und ruiniere damit so manchen Effekt – oder mache die Sachen sogar kaputt." Ihre Kleider haben glänzende Farben, insbesondere blau und rot, sind mit Wiener Nähten und engen Raglan-Schultern körpernah geschnitten. Im Grunde, so meint sie, ähnelt ihr Bühnenstil ihrer Privatgarderobe, nur ist er spektakulärer. Zu einer Diva passt Pelz, den sie vom Gefühl her auch ganz toll findet, aber aus politischer Korrektheit nicht trägt. Auch „männliche" Kleidung zieht sie nie an: „Der männliche Stil sieht an mir schauderhaft aus!" So wenig wie Anne dokumentierte sie ihr (ohnehin eher schleichendes) Comingout mit einem spezifisch lesbischen Stil: „Ich habe mich mehr für andere Dinge interessiert, nicht für Kleider oder Frisuren." Zwar war ihr Stil vor ihrem Coming-out intellektueller oder existenzialistischer, wie sie es nennt, aber damals war sie eben auch noch nicht Entertainerin.

Solveigs Entdeckung der letzten Jahre: die neuen Textilien, die so praktisch und pflegeleicht und zugleich so schön sind und sich auch noch wundervoll anfühlen. Mit den Mikrofasern haben sich für Solveig die Möglichkeiten der Mode drastisch verbessert. Insbesondere ihr Faible für Unterwäsche aus seidigen Materialien, aus Spitze, in schönen Farben, kann sie nun völlig ungehemmt ausleben: „Meine Freundin ist die Mikrofaser!"

In den Medienberufen gibt es verhältnismäßig viele lesbische Frauen, und sicher auch mehr modische Lesben als anderswo. „Klar, wenn du eine Yuppie-Lesbe suchst, findest du sie hier. Aber auch alle anderen Varianten, von der verstörten trutschigen Lesbe bis – eben – zur Diva." Woran erkennen sie andere

Lesben, wenn sie nicht wissen, ob eine „dazugehört"? „Ich gar nicht", sagt Solveig, „außer sie wollen was von einem. Oder sie verkleiden sich, so dass man sie erkennt; das ist dann eine Attitüde." Anne findet, dass es vor allem die Blicke sind, mit denen man sich verrät. Daran habe sie doch auch Solveig erkannt: Die habe sie beim ersten Treffen auf einem Empfang so durchdringend angeschaut, dass Anne weiche Knie bekam und merkte, dass diese Frau, die sie bislang nur von deren Auftritten kannte und niemals für lesbisch gehalten hätte, offensichtlich an ihr interessiert war. „Warum eigentlich?" fragt sie Solveig, und die erwidert cool: „Du sahst gut aus, das hat gereicht." Solveig mag schöne und gutangezogene Frauen, kein Wunder, dass ihr Anne auffiel. Anne trug damals einen weich fallenden schwarzen Hosenanzug; nach sechs erschöpfenden Wochen Berichterstattung aus dem palästinensischen Bürgerkrieg war ihr an dem Abend danach, sich endlich mal wieder toll zurechtzumachen: „Und ich konnte mir eigentlich keine Jacke zu der neuen Hose leisten, also habe ich sie mit dem Vorsatz gekauft, sie hinterher wieder umzutauschen – inzwischen habe ich eine ähnliche, viel schönere, aber ich hatte damals so ein Gefühl, das lautete: Du musst heute sehr gut aussehen, und du musst allein zu dieser Veranstaltung gehen." Solveig hatte einen roten Brokatanzug an, mit dunkel aufgesetzten Paspeln: „Sie sah echt scharf aus darin. Wenn sie mir eine Freude machen will oder bei speziellen Anlässen (Versöhnungsausgehen zum Beispiel), dann zieht sie ihn manchmal noch für mich an – sie weiß, wie ich mich dann darüber freue." Kommen die beiden sich nicht ins Gehege? Gibt es keine Konkurrenz zwischen zwei so dominanten, so erfolgreichen, so gutaussehenden Frauen, die auf unterschiedliche Art den großen

Auftritt lieben? Überhaupt nicht, behaupten beide unisono. Die Kreise, in denen die beiden sich beruflich bewegen, sind unterschiedlich, ebenso die Szenarien und natürlich ihre jeweiligen Stile – modische und solche der Selbstinszenierung. Und wenn sie gemeinsam irgendwohin gehen, dann eben gemeinsam, nicht als Konkurrentinnen. Solveig erklärt: „Wenn ich mit Anne ausgehe, hoffe ich, dass ihr gefällt, was ich anhabe." Während Anne mit ihrer früheren Freundin die gemeinsame Inszenierung genau plante, spricht sie sich mit Solveig selten ab. „Es sei denn, wir gehen zu einer Hochzeit, wie neulich, da haben wir uns ein wenig abgesprochen, aber nur farbmäßig. Da war Solveig exzentrisch gekleidet, und ich mit klassischem langem Kleid." Aber gewöhnlich wird spontan entschieden, sagt Anne: „Wir gehen ins Theater, ich hol sie ab und trage ein Sommerkleid, das ich bei einem Designeroutlet in Berlin gekauft habe, ein eher wildes Teil, und wenn Solveig nun schrecklich dagegen abfällt, gehen wir noch mal zu ihrem Kleiderschrank und disponieren um!"

Apropos Inszenierung: Anne empfindet es als Herausforderung, hinter der Kamera zu stehen und die andere Person, die vor der Kamera, ins rechte Licht zu rücken, sie gewissermaßen hervorzubringen. Sie hat verschiedene Porträts von Modedesignerinnen und Sendungen über Mode allgemein für verschiedene Sender realisiert. Im Schatten steht sie dabei mitnichten, im Gegenteil, denn auch das ist ja eine Form der (Selbst-)Inszenierung, wenn auch vielleicht eine weniger offensichtliche. Und ihre großen Auftritte hat sie ohnehin. Man muss sie nur in einen Raum kommen sehen: Schon ist er von Leben erfüllt. Und Solveig erklärt: „Ich will so akzeptiert werden, wie ich bin, und ich tue dafür, was ich muss!" Da spricht die wahre Diva.

Das Geschaeft mit der Verfuehrung: Die Modeschoepferin

„Was wir hier betreiben, ist das Geschäft mit der Verführung", sagt Gesine Moritz und meint es so. Und wirklich: Verführerisch ist, was ich hier sehe, in diesem langgestreckten und eher kargen Laden mitten in Kölns bester Einkaufsgegend. Ein gelblich-eierschalenfarben gekachelter Boden, die Wände im gleichen Ton gestrichen, in die Decke eingelassene Strahler und an den Wänden entlang Kleiderstangen, die an Ketten von der Decke hängen, voller Kleider; dazwischen wenige weiße Regale auf Rollen, in denen Pullover liegen, und einige große, farbenfrohe Gemälde: eine Gitarrenspielerin, ein Hund ... Das hier sei eigentlich eine Galerie, erklärt mir die Modemacherin ein wenig selbstironisch, die Kleider seien von ihr, die Bilder von Heide, die ihr im Laden hilft; Kleider wie Bilder könne man kaufen.

Die Kleider: ein Traum. Eine unglaubliche Vielfalt hängt ganz dezent dicht gedrängt an den Stangen, als wäre es nichts Besonderes; und das, obgleich die Modemacherin betont, die Kollektion sei leider noch nicht vollständig da. Hosen. Gehröcke aus einer zarten, schimmernden, in wunderschönen gebrochenen Tönen karierten Wolle. Ein schwarzes Jackett, fast wie ein Frack. Schwarze oder braune Blazer aus knitterfreier Wolle. Orientalisch anmutende Hosen aus tapisserie-ähnlichen Stoffen in Lila, Rot oder einem Bronzeton, mit passenden langen oder kurzen Jacken, die den Eindruck des Orientalischen merkwürdig verstärken und durch ihren schlanken, klassischen Schnitt zugleich brechen, so dass nichts wie Ethno-Kitsch oder imitiert wirkt, sondern sehr ungewöhnlich, eigenständig und modern. Ein sportlich geschnittener, trotzdem leicht bauschiger Mantel aus braunem Samt. Kleider aus dünnen, brokatähnlichen Stoffen mit eingewebtem Rosenmuster in fein abgestuftem Kontrast von grün-orange oder orange-rot. Asymmetrisch geschnittene, geraffte, gebauschte Röcke. Aus dem gleichen changierenden Stoff fast gerade, sportlich geschnittene ärmellose Kleider mit einem Reißverschluss vorn. Kleider aus goldfarbenem Cordsamt mit einer einzigen seitlichen Raffung. Gerade Kleider mit ausgestelltem Rock und dreiviertellangen Ärmeln aus grünem oder rotem Baumwoll-Popeline im Stil der 60er Jahre. Einfache, gerade geschnittene T-Shirt-Kleider in Schwarz, Grau oder Grün mit weiten, zipfeligen Pullundern darüber. Ein Mantel aus federleichter Wolle mit großen Karos in bunten Pastellfarben, der „Miss Marple"-Mantel, mit passendem Hut ...

Ich bin nach Köln geflogen, um mit der Designerin zu sprechen, deren Mode ich schon lange aufregend finde und von der ich weiß, dass sich unter ihren Kundinnen auch ziemlich viele Lesben befinden. Was eine wundern könnte, wenn man an die Klischeelesbe in Jeans und Holzfällerhemd denkt und dann die vielen Kleider und Röcke im Laden sieht. Was mich aber nicht wundert, weil die Mode der Gesine Moritz fern aller Weiblichkeitsklischees ist und damit auch die Klischees vom oberflächlichen, männerfixierten heterosexuellen Modepüppchen mitnichten bedient. Ihre Kundinnen seien grundsätzlich, ganz gleich wie sie leben und welche sexuelle Orientierung sie haben, emanzipierte Individualistinnen, die wissen, was sie wollen, die eigenständig ihren Lebensstil und ihre LiebespartnerInnen wählen. Von manchen weiß sie, dass sie lesbisch sind, von anderen weiß sie nicht, welches Geschlecht sie vorziehen, denn nicht alle Kundinnen kennt sie persönlich. Grundsätzlich aber meint sie: „Viele meiner Kundinnen wären imstande, sich in eine Frau zu verlieben, auch wenn sie schon seit Jahren mit Mann und Kindern leben." Auch modisch treffen die Kundinnen dieser Modemacherin ihre eigene Wahl, ohne sich allzusehr beeinflussen zu lassen: „Sie wissen auch, dass man zunächst mal sich selbst gefallen muss, um überhaupt schön zu sein."

Bei ihr sucht keine die etablierten Modesachen, die angeblich dem Geschmack der Männer entsprechen, als „raffiniert und sexy" angepriesen werden und auch so eingesetzt werden: „kurzer enger Rock, tiefer Ausschnitt" fasst sie diesen Stil zusammen und nennt ihn arm und billig. Was denn für sie erotisch sei, frage ich sie, und sie meint, das habe nichts mit aufreizenden Kleidern zu tun, sondern mit der Ausstrahlung einer Frau, mit ihren Bewegungen, ihren Blicken, auch damit, dass sie Spaß daran habe, sich anzuziehen, und man ihr das anmerke. Dann fühle sie sich wohl in ihrer Haut und in ihrer Kleidung, und dann könne sie fast alles tragen, was sie wolle. Unerotisch? „Hässliche Sachen ..."

Lesben haben aufgrund ihrer Außenseiterposition (die nicht allein darin begründet ist, dass sie mit Frauen statt mit Männern ins Bett gehen, sondern vor allem in einer daraus resultierenden Haltung gegenüber der Welt im allgemeinen und den Geschlechtern im besonderen) häufig ein anderes als das normative Frauenbild und folglich auch ein anderes Selbstbild. Dieses ist weniger vom männlichen Blick bestimmt (sei es der Blick realer Männer, sei es der auch von Frauen verinnerlichte patriarchale Blick), sondern eher von der Suche nach einer anderen Weiblichkeit, vom Wunsch nach Autonomie und Emanzipation. Es liegt auf der Hand, dass die Mode von Gesine Moritz vielen von ihnen eine Menge zu bieten hat: modisch aktiven frauenliebenden Frauen, von denen es mehr gibt, als man meinen sollte, wenn man zum CSD oder in Frauentreffs geht. Frauen, die dem Klischee vom heterosexuellen Modepüppchen sowenig entsprechen wie dem von der Lesbe im Einheitslook. Frauen mit einem bestimmten Lebens- und Liebesstil, die souverän und wohl auch lebenserfahren genug sind, um ihre Weiblichkeit mit ungewöhnlichen, vielleicht zuweilen theatralischen, in jedem Fall würdevollen Kleidern zu inszenieren. „Würde" ist ein Schlüsselwort der Modeschöpferin für ihre Kreationen. Sie dürfen die Kundin nicht bloßstellen, sie nicht lächerlich machen, sondern sollen ihr die Möglichkeit geben, ganz gleich wie jung oder alt, wie dick oder dünn sie ist, sich wohl zu fühlen und eine positive Ausstrahlung zu haben; Seiten an sich zum Ausdruck zu bringen, die vielleicht nicht alltäglich sind, eine gewisse Theatralik zu pflegen, die dennoch nie übertreibt. „Das klingt jetzt komisch, aber ich weiß nicht, wie ich es anders ausdrücken soll. So ein bisschen ist man auch im Dienste der Frauen. Und das ist auch das, was mir daran Spaß macht. Dass man ihnen mit den Kleidern etwas gibt, was ihnen hilft. Was sie schön macht, wenn sie schön sein wollen. Ich habe das oft erlebt, dass Frauen sich verändern durch die Kleider. Dass sie selbstbewusster werden, dass sie anders sprechen, dass sie anders laufen, dass sie – nicht sofort, aber manchmal auch sofort – sich verändern."

Gesine Moritz sagt, es gelinge ihr manchmal, Kleider zu machen, die einen Zauber haben. Für mich haben fast alle Stücke, die ich in ihrem Laden sehe, einen Zauber, so unterschiedlich sie sind: jedes einen ganz besonderen, einzigartigen, individuellen, obgleich (oder weil) man die Handschrift der Modeschöpferin in allen wiedererkennt. Der Eindruck verstärkt sich während der Stunden, die ich im Laden sitze, mit Gesine Moritz plaudere und dabei immer wieder auch beobachte, wie sie Kundinnen berät, den Frauen dabei zusehe, wie sie die Kleider anprobieren und deren Zauber zum Leben erwecken. „Mode hat etwas mit Vielfalt zu tun. Die Frauen sind doch alle sehr unterschiedlich. Und ich würde mich nicht wohl fühlen, wenn ich sagen würde, alle müssen jetzt diese Art Kleid anziehen, denn es ist einfach ein Superkleid, und darin werden auch alle Frauen super aussehen – das kann nicht funktionieren." Es sind denn auch ziemlich unterschiedliche Frauen, die in den Laden kommen: junge, alte, mittelalte, dicke und dünne, elegante und sportliche, lässige und undefinierbare. Sie alle finden etwas, was ihnen gefällt, zu ihnen passt und ihren Zauber zum Leben erweckt: selbst die Unscheinbarste blüht im richtigen Kleidungsstück auf. Das Kleidungsstück bringt Persönlichkeit hervor, drückt sie nicht einfach aus, sondern lässt eine andere Facette davon entstehen und der Frau selbst wie allen anderen sichtbar werden. So bei der piepsig-selbstbewussten, aber unscheinbaren und farblosen Frau um die Dreißig, die in Jeans und Pulli hereinkommt, die rote orientalische Hose anprobiert und mit einemmal so etwas wie Glanz bekommt. Bei der hübschen dunkelhaarigen Geigerin, die im sechsten Monat schwanger ist und ein Hochzeitskleid sucht. Das findet sie hier nicht, glücklicherweise, aber eine spontan zusammengestellte Kombination aus einem orangefarbenen T-Shirt-Kleid mit einem offenen Brokatkleid darüber, dessen Rosenmuster in verschiedenen Orangetönen changiert; sie ist plötzlich nicht nur hübsch, sondern schön – wie eine venezianische Prinzessin.

Frauen, die eine gewisse Theatralik mögen und experimentierfreudig sind, sind hier gut aufgehoben. Zuweilen entdecken sie das erst im Laden. Dass viele Lesben Theatralik mögen, merkt man an ihrer Körpersprache und auch an ihren Outfits. Eine Frau, die sich von Kopf bis Fuß perfekt in einen Männeranzug mit sämtlichen zugehörigen Accessoires gewandet, hat Sinn für Theatralität, auch wenn sie es vielleicht nicht so nennen würde; ebenso die im coolen ledernen Motorrad-Outfit. Solche Moden findet man in diesem Laden zwar nicht, aber viele andere Möglichkeiten, unterschiedliche Facetten von Weiblichkeit zu inszenieren. Auch Frauen, die sich selbst lieber dezent-elegant oder auch maskuliner mögen und sicher nicht von sich sagen würden, dass sie theatralisch sind, gehen anders aus dem Laden, als sie gekommen sind. So das Frauenpaar, die eine groß und wohlproportioniert, die im klassischen Hosenanzug kommt; ihre schlanke, etwas jüngere Freundin trägt einen legeren Gummizugrock mit Popelineweste. Kein billiges Zeug, was sie anhaben; es steht ihnen auch. Und doch: Als sie gehen, sieht die Jüngere im karierten Wollgehrock mit passender Hose so aus, als hätte sie nie etwas anderes getragen; das Androgyne an ihr ist geblieben und zugleich femininer geworden. Ihre Freundin in Größe XL hat sich mit Hilfe eines Kleides mit Tütenrock in eine Diva verwandelt.

Der Prozess, im Laufe dessen die Kleider entwickelt werden, ist lang und aufwendig und erfordert unendlich viel Sorgfalt. Sie werden entworfen, probiert, anprobiert, ausprobiert, geändert, bis schließlich alles stimmt, das Kleid stimmig ist, getragen werden kann und perfekt sitzt, auch wenn das fertige Produkt im Vergleich zum ersten Entwurf vielleicht keine Ärmel mehr hat oder ein ganz anderes Oberteil. Denn Kleider sind Gebrauchsgegenstände und keine „verhinderte Kunst", die nur am Bügel schön anzusehen ist. Am Anfang des Entwurfs steht oft ein Bild: eine Atmosphäre, ein Film, ein Buch, eine erlebte Situation. Dann bringt Gesine Moritz ihre Ideen mit den Stoffen zusammen, die auf den neuen Stoffkollektionen vorgestellt werden, modifiziert die Idee und entscheidet sich, wie das einzelne Stück und wie die gesamte Kollektion werden soll, denn die Teile einer Kollektion hängen zusammen. Fast jedes Stück hat auch einen Namen, nicht nur die gesamte Kollektion. Zunehmend hat die Modemacherin in diesem Prozess auch Frauen im Sinn, für die sie ein Stück gewissermaßen macht: ihre siebzehnjährige Tochter; die fünfundsechzigjährige Heide, die ihr im Laden hilft und der man ihr Alter überhaupt nicht ansieht; Alice Schwarzer; diese oder jene Schauspielerin, die Stammkundin bei ihr ist ... Sie alle sind ihre Musen: „Ich kenne Frauen, die ganz unterschiedlich sind und die ich alle toll finde." Entsprechend unterschiedlich fallen auch die Kleider aus, die sie macht. Und die es übrigens von XS bis XL gibt – also nicht nur für die ganz Schlanken und Jungen. Da gibt es Stücke, die nur den Mädchenfrauen stehen, andere sind für die Maskulineren. Manche Frauenpaare wie das oben beschriebene kaufen bei ihr; die eine, ganz feminin, kauft nur Kleider und regelrechte Roben, die andere ist ein androgyner, strengerer Typ und kauft dann eben die Hosen und die Jacketts. Toll gestylt sind beide Frauen, und auf unterschiedliche Art sehr weiblich.

Dann gibt es die Hexenfrauen und die Clowns, die sich nicht so gern in eine Schublade zwängen lassen: entweder elegant oder sportlich oder streng oder verspielt. Sie brechen die Stile – und sei es mit Accessoires: knallrote Schuhe zu einem monochromen schwarzen Outfit oder ein überaus auffallender Hut. Denn Mode hat „was mit Spaß zu tun, es muss Spaß machen, darf nicht so bierernst sein, im Grunde hat es auch was mit kleinen schrillen Schreien zu tun." Die kleinen schrillen Schreie sind ihr besonders wichtig: Der Witz und die Ironie an der Mode. Daran merkt man vielleicht, dass sie nicht ihr Leben lang Mode gemacht hat, dass sie noch etwas anderes kennt als die Mode, so sehr sie die liebt: „Ich finde Kleidermachen aufregend, deswegen bleibe ich dabei, auch wenn ich eigentlich immer wieder denke, ich könnte mal wieder was anderes tun. Deswegen bin ich übrigens so oft wie möglich im Geschäft, um mit den Frauen zu tun zu haben, zu sehen, was sie wollen, zu sehen, ob das, was ich mache, funktioniert."

Sie selbst ist eine Hexenfrau mit Clownsanteilen: um die Sechzig; klein; wuschelige, unfrisierte blonde Haare mit einem gelegentlichen Rotstich; eine runde Hornbrille und knallrot geschminkte Lippen; in einem braunen, schräg gerafften Rock aus gecrashtem Stoff, ein langes schwarzes Shirt mit zipfeligem Saum darüber, der wiederum unter dem kürzeren schwarzen Blazer herausschaut, schwarze Strümpfe, rote flache Schuhe. Eine tiefe, sinnliche Stimme, etwas rauh von den vielen Zigaretten. Das Gesamtbild in seiner Heterogenität stimmig und schön, nicht im herkömmlichen lieblichen Sinne, sondern gerade in einer gewissen Sperrigkeit. Man nimmt ihr sofort ab, dass ihr nicht irgendwelche windschnittig-schönen Frauen vor Augen stehen, wenn sie Kleider entwirft, sondern Frauen, die Erfahrungen machen und die schön sind, weil man ihnen ihr gelebtes Leben ansieht. Weiblichkeit in all ihren Facetten ist ihr Thema. Ihre Kleider sind nicht billig, und so ist es kein Wunder, dass sie zwar junge Kundinnen hat, aber nicht so viele; ein paar, die auf ein Stück sparen oder die es von den Eltern spendiert bekommen. Ein gewisses Niveau ist, so meint sie, die Voraussetzung dafür, dass jemand ihre Kleider mag, und damit meint sie vor allem: Emanzipation.

KOERPERBILDER

DIE SEXPERTIN

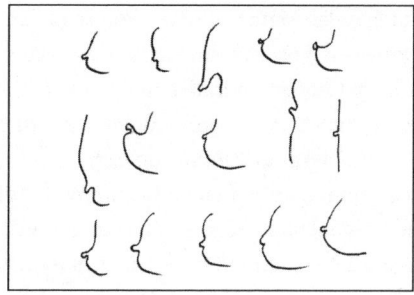

Auf die Frage, was sie denn schön finde, antwortet sie wie aus der Pistole geschossen: „Dildos, Dildos, Dildos ..." Dann lacht sie schallend und setzt hinzu: „Na ja, schon auch noch ein paar andere Sachen, das kommt ganz drauf an." Das Lachen ist ihr Markenzeichen: ein lautes, hemmungsloses, schön „dreckiges" Lachen, das sich nicht darum schert, ob andere irritierte Blicke werfen. Während wir uns unterhalten – zu zweit, zu dritt, zu mehreren, denn immer wieder stoßen andere Frauen für eine Zeitlang zu uns, hören zu, mischen sich ein, übernehmen das Gespräch –, lacht sie immer wieder und vermeidet dadurch, dass die Dinge zu seriös oder vielleicht manchmal einfach langweilig werden; sie skandiert damit, was sie sagt, markiert Schwerpunkte, stellt eine ironische Distanz zu dem her, was sie sagt, gibt dem Gespräch eine andere Wendung oder demonstriert, dass sie bei der Sache ist. Zwischendurch berät sie die Kundinnen, die sich in dem kleinen Verkaufsraum ihres

Ladens „Sexclusivitäten" nebenan Sex Toys ansehen und Beratung wünschen; die anderen lässt sie ganz in Ruhe allein schauen. An einem Tag der Woche sind diese Räume für Publikum offen; in der übrigen Zeit betreibt sie (unter anderem) einen Versandhandel. Manche Frauen kommen, um zu kaufen, andere informieren sich erst einmal, wieder andere schauen kürzer oder länger auf einen Kaffee und einen Plausch vorbei. Niemand ist zu irgend etwas gezwungen, die Atmosphäre ist angenehm, offen, locker und intim zugleich.

„Ich glaube nicht, dass ich einen bestimmten Stil habe, ich zieh mich auch manchmal gern durcheinander an", erklärt sie (und lacht natürlich), während sie in einer demonstrativ-spöttischen Geste die langen blonden Haare zurückwirft. Ihren superkurzen karierten Burberry-Minirock trägt sie heute ganz klassisch mit einem engen roten Pulli und schwarzen Strumpfhosen, ein Outfit, das ihre extrem schlanke Figur betont. „Das ist eher die konservative Nummer, kariert – was jetzt sehr modern ist", (sie lacht) „aber eigentlich ist es mir ziemlich egal, was gerade modern ist." Sie besitzt noch die komplette Garderobe ihrer Mutter aus den 50er und 60er Jahren und liebt diese Kleider: ein wassergrünes Lederkostümchen, ein Kleid aus karierter Baumwolle, das schwarze Hochzeitskostüm mit weißem Schälchen, ein Ballkleid, „darin fühle ich mich wohl – ich mag meine Mama, damit hat das sicher auch zu tun, aber vor allem finde ich diese historischen Sachen einfach toll."

„Diese historischen Sachen" könnten aber durchaus auch Männerkleider sein. Auf den traditionell weiblichen Stil lässt sie sich nämlich keineswegs festlegen, das wäre ihr viel zu langweilig: „Du kennst mich vielleicht eher feminin, aber ich finde es auch lustig, zu spielen, Rollen zu spielen. Ich lade öfter zu

Themenabenden ein und finde das ganz entzückend – nur leider halten sich nicht so viele dran, weil sie Hemmungen haben, sich anders anzuziehen, als sie es gewohnt sind. Schade."
Sie selbst trägt neben ihren hyperfemininen Klamotten auch liebend gern Smokinghemden (die ihr viel zu groß sind) und Männeranzüge, wenn ihr danach ist, Muscle-Shirts, wenn sie sich powerful fühlen will, oder auch das klassische Holzfällerhemd mit dicker Jeans und festen Schuhen: „Damit fühle ich mich gewappnet. Jeden Morgen in Stöckelschuhen auf die Straße gehen – nein, das geht nicht, dazu muss ich mich wirklich gut fühlen."

Ganz gleich jedoch, ob männliches oder weibliches Outfit: Sie findet es ziemlich langweilig, von oben bis unten durchgestylt zu sein. Wenigstens die Unterwäsche muss dann einen Kontrast darstellen: Boxer-Shorts zum Kostümchen etwa – bloß nicht zu perfekt feminin sein. Und natürlich gibt es Tage, an denen sie gar nicht in der Stimmung ist, sich zu stylen, und einfach irgend etwas überzieht.

Ihre Lust am Spielen mit Kleidern, Stimmungen, Rollen wirkt überhaupt nicht aufgesetzt, sondern ganz und gar echt. Es scheint ihr einen Heidenspaß zu machen, sich selbst und andere auszuprobieren und damit ständig neue Seiten – an sich, an anderen – zu entdecken: im Alltag, im Bett, zu Hause, bei der Arbeit. Das bezieht sich nicht nur auf Mode, aber Kleider sind nun mal ein ganz wesentliches Element des Spiels, und zwar nicht nur, was die Wirkung auf andere angeht, sondern vor allem auch, weil Kleider das Gefühl von sich und für sich selbst beeinflusst. Beispiel Busen, oder wie sie sagt: Titten. Sie hat einen kleinen Busen und trägt keinen BH, weil sie den nicht funktional findet und folglich auch nicht sexy. Aber früher hat sie manchmal mit „Tittengrößen" experimentiert, sich den Busen ausgestopft und geguckt, was passiert. Die Reaktionen der Umwelt waren faszinierend: „Die Kellner konnten mich nicht mehr normal bedienen, die haben nicht mehr mit mir reden können, die haben nur noch die Titten gesehen. Frauen haben teilweise genauso reagiert, vor allem natürlich Lesben." Ihre eigene Körpererfahrung war genauso spannend wie die Reaktion der anderen: Was macht es mit mir, wenn ich plötzlich einen Riesenbusen habe? Wie bewege ich mich dann, wie setze ich mich in Szene? Fühle ich mich wohler? Sexier?

Eine sehr stattliche, feminine Frau, die während ihrer Arbeitspause auf einen Kaffee vorbeigekommen ist, findet, dass das nicht ungefährlich sei: Was, wenn man dann jemanden näher kennenlernt und mit ihr gar ins Bett will? Dann lässt sich ja kaum mehr verheimlichen, dass der schöne Busen ein einziger großer Betrug ist – was für eine Desillusion und wie abtörnend, im schlimmsten Falle! Die Sexpertin findet das gar nicht: Wer oder was soll eine denn daran hindern, den BH, ausgestopft oder nicht, auch im Bett anzubehalten? Oder irgend etwas anderes? Wieso muss man sich immer vollständig entblättern? Viel zu viele Frauen sind, wie wir wissen, mit ihren Körpern unzufrieden und dann gerade auch beim Sex vorwiegend damit beschäftigt, sich zu überlegen, wie sie welche Körperstelle am besten kaschieren, wie sie sich so bewegen können, dass es in den Augen der anderen gut aussieht – schwierig, sich dabei noch dem zu widmen, worum es eigentlich geht: dem Sex. Viel netter wäre es doch, ein bisschen verhüllt zu bleiben und damit zu spielen, sich dadurch enthemmter zu fühlen und mehr Phantasie zu entwickeln. Jedenfalls: „Titten sind nun mal ein Primärorgan – in der Öffentlichkeit."

Darüber muss sie selbst laut lachen und fügt hinzu: „Hört sich toll an!" Und da, wie sie meint, die weiblichen und männlichen Rollen heute auch bei Lesben stärker verschmelzen, zeigen auch eher männlich gekleidete Lesben mehr Busen als früher. Klar, es gebe immer noch die androgynen, die auf eine ganz klare Linie achten. Und es stimme schon, dass für viele das Männliche interessanter zu sein scheine, aber das sei ja auch kein Wunder, leben wir doch nach wie vor in einer männlichen Gesellschaft, in der alles, was „männlich" ist, auf Macht und Einfluss verweist. Andererseits lehnen manche Lesben deswegen noch immer die Butch-Femme-Rollen als Imitation patriarchaler heterosexueller Normen und Verhaltensmuster ab. Das beruhe auf einem großen Missverständnis, denn sie setzen allzu starr Inneres und Äußeres in eins, wo ein spielerischer Umgang mit Klischees und Rollen angebracht wäre – zugunsten der Möglichkeit, neue Seiten an sich selbst zu entdecken und die Stereotypen aufzubrechen. Eine Butch sei doch keine Frau, die Mann sein will, um Himmels willen! „Für mich sind diese Butch- oder Femme-Rollen eher etwas Äußerliches. Ich zum Beispiel sehe sehr feminin aus, aber ich verhalte mich oft wie ein Kavalier, verwöhne gern und so weiter. Für mich ist das überhaupt kein Widerspruch, obwohl das Kavalierhafte eher der Butch-Rolle entspricht." Aber auch äußerlich kann sie sich in einen Mann verwandeln und findet, dass sie damit großartige Erfahrungen macht, die den Frauen, die immer nur Frauen sind, verwehrt bleiben: „Haare weg, Bärtchen angemalt, Männerkleider angezogen, und ich bin ein Typ" – aber sie gibt mit lautem Lachen zu, dass zu diesem Wechsel der Geschlechterrollen ein ausgesprochen starkes Ego nötig ist. Im übrigen, so betont sie, müsse keine Frau ihre Weiblichkeit aufgeben (und sie selbst tue das ganz sicher nicht), wenn sie mit Männlichkeit experimentiert – darum gehe es überhaupt nicht, sondern um einen spielerischen und freieren Umgang mit der Vielfalt und den unendlichen Möglichkeiten der Geschlechterrollen.

„Na ja, frei ...", wirft eine Frau ein, die gerade gekommen ist. „Und Dildos? Ist es nicht eine Imitation von Männern und von Hetero-Sex, wenn Frauen beim Sex mit anderen Frauen Dildos benutzen, auch noch solche, die ganz realistisch einem Penis nachgebildet sind? Was soll daran denn für eine Lesbe attraktiv sein?" Die Dame des Hauses lacht und erklärt ganz entschieden, jede sehe, was sie wolle. Ein Dildo sei kein Penis, sondern ein Gegenstand, dessen Form etwas bedeuten könne oder auch nicht. Ist ein Doppeldildo realistisch?? Außerdem gebe es so viele verschiedene Dildos: die Delphine, die Göttinnen, die Regenbogenbunten ... Funktional müssen sie sein, aber sie seien außerdem schön. Schön genug, um sie in der Vitrine zur Schau stellen zu können, statt sie, wie früher, im Kleiderschrank zu verstecken. Wie gut, dass es diese Riesenvielfalt an Dildos gebe, mit der jede spielen und herausfinden kann, was sie mag – und zwar sowohl, was die Dildos selbst angeht, als auch natürlich das, was frau mit ihnen machen kann. Denn schließlich seien die Spielzeuge vor allem Werkzeuge, die mehr Selbstbewusstsein (im doppelten Sinne – hier spricht die Sprachwissenschaftlerin) erzeugen können. Und da Frauen heute selbstbewusster und offener und folglich auch phantasievoller mit Sex umgehen, entwickele sich endlich eine Ästhetik des Erotischen.

Erotische Kultur bedeutet für die Sexpertin mitnichten einfach „Sex", sondern hat eine Menge mit Inszenierungen, mit

Spiel zu tun. Man könnte sich zum Beispiel ein Rollenspiel für einen Abend vornehmen, auf den man sich dann entsprechend sorgfältig vorbereitet, indem man sich passend kleidet, sich auf die Rolle einstimmt: Zwei Frauen stellen sich vor, zwei schöne Schwule zu sein, sie sind für ein paar Stunden Cleopatra und Antonius, Natalie Barney und Romaine Brooks oder wen auch immer sie gerade anturnend finden. Das kann eine aufregende Spannung zwischen den beiden erzeugen, die sich vertraut und fremd zugleich sind; sie entwickeln neue erotische Ideen und entdecken Verhaltensweisen, die ihren gewöhnlichen Selbsts vielleicht fremd sind oder die sie sonst nicht zu leben wagen. Eine so verstandene erotische Kultur kann, davon ist die Sexpertin überzeugt, den Alltag verändern, und das tut not. Das ist es, wofür sie arbeitet, theoretisch und praktisch, lustvoll und hartnäckig. Aufklärung und Hedonismus sind die beiden Begriffe, die wiederum mir dazu einfallen und die in ihrer nur scheinbaren Gegensätzlichkeit umreißen, worum es ihr geht.

Vieles, so erklärt sie, habe sich bereits verändert. Zwar werde es noch ein paar Jahrzehnte dauern, bis wir wirklich frei mit unserer Sexualität und mit den Geschlechterrollen umgehen. Aber schon heute werde das alles nicht mehr so strikt gehandhabt wie früher, als die androgyne oder männliche Lesbe die Norm darstellte und eine Femme von anderen Lesben ausgegrenzt wurde. Längst werde unter Lesben eine viel größere Palette an „Schönheit" zugelassen als in der heterosexuellen Gesellschaft. Dass die Maßstäbe und Kategorien sich geändert haben, hat ihrer Meinung nach eine Menge mit Intersexualität zu tun. „Dazu gehört auch, dass ein Johnny seine Titten zeigen darf. Und ein Del Grace seine eine Titte stolz vorführt."

Denn er könne diese Brust schön finden, auch wenn er sich als Mann fühlt – so what? Vor ein paar Jahren wäre das noch nicht möglich gewesen. Glücklicherweise seien wir neugieriger geworden und können daher viel mehr Schönheit dort entdecken, wo wir sie früher niemals vermutet hätten.

Und vielleicht entdecken wir endlich auch mal die Mösen und deren Schönheit. Sie muss lachen, als sie erzählt, wie sie vor einigen Vorstellungen der *Vagina Monologe* mit ihrem Mösenkissen im Publikum herumgegangen ist und es zum Kauf angeboten hat: „Na, wollen Sie nicht eine Zweitmöse haben?" „Aber da geht es schon los, die werden nicht gleich erkannt. Wenn man einen Schwanz hinhält, der wird sofort erkannt, denn wir leben nun mal in einer Schwanzkultur. Mösenbewusstsein ist noch nicht so verbreitet" – und deswegen auch nicht der Sinn für die Schönheit der Mösen. Selbst viele Lesben haben die noch gar nicht entdeckt. Aber auch wenn sie Mösen schön findet, muss frau sich nicht gleich ein Mösenkissen aufs Sofa legen. Oft hört sie die Reaktion: „Ich hab doch selber eine, danke, ich brauche keine aus Plüsch." Man kann die Mösenkissen auch eher witzig als eigentlich schön finden, aber vielen Lesben geht dieser Sinn für Humor ab, als gäbe es im Leben einer Lesbe nichts zu lachen. Vielleicht ist das auch ein Grund dafür, dass die Sexpertin selbst so viel und so laut lacht: Um ein Gegengewicht zur Ernsthaftigkeit und Larmoyanz der Szene zu schaffen?

Schönheit, so wird auch in diesem Gespräch offensichtlich, kann nicht klar und eindeutig definiert werden, sondern sie ist und bleibt eine Frage der subjektiven Wahrnehmung und vieler Einzelheiten. Um so neugieriger bin ich auf ihre Antwort auf meine Frage, was für sie eine schöne Frau, eine schöne Lesbe ist? Sie muss nicht lange nachdenken, um zu erklären, da Äußerliches für sie kaum eine Rolle spielt. Wichtiger ist ihr ein strahlendes Wesen, etwas ganz Eigenes, das eine Frau besitzt. Das kann Naivität sein, das kann Offenheit sein, das kann genausogut eine gewisse Verschrobenheit sein. Äußere Schönheit ist im Vergleich dazu völlig nebensächlich; sie verliebt sich auch nicht in eine Frau, nur weil die hübsch ist.

Eine vielleicht vierzigjährige Frau, stämmig, von Kopf bis Fuß in schwarzem Leder, unter der Jacke ein blaues Hemd und darunter das obligatorische T-Shirt, sitzt schon eine Weile mit uns am Tisch. Nach anfänglicher Fassungslosigkeit, als sie hörte, über welches Thema wir hier reden („Lesben und Schönheit??!!"), hat sie sich schon eine ganze Weile des Gesprächs zu bemächtigen versucht und wirft nun vehement ein, dass es für sie klare Grenzen gibt: Sie kann körperliche Nähe und Erotik nicht ertragen mit einer Frau, die zum Beispiel schlechte Zähne oder ein Hautekzem hat: „Die kann noch so nett sein, aber verlieben kann ich mich in die nicht und sie auch nicht anfassen." Sie findet das selbst problematisch, kann es aber nicht ändern. Unsere Gastgeberin sieht das ganz anders: „Es ist doch völlig egal, wie eine Frau aussieht, ob sie eine Hasenscharte hat oder irgendeine Behinderung. Ich such mir dann Stellen, die ich besonders gerne anfasse. Wenn ich diese Person mag, wenn sie ein liebes Wesen hat, dann habe ich damit keine Probleme, dann habe ich auch nicht das Gefühl, dass ich Grenzen überschreiten muss, und kann sie genauso lieb in den Arm nehmen und ihr Liebe geben wie einem äußerlich vielleicht schöneren Menschen." Diese andere Einstellung könne man lernen, meint sie; sie selbst habe das schon früh gelernt, denn sie hätten daheim eine Kneipe und um die Ecke ein Kinderheim gehabt, und da gab es allerhand zu sehen, was nicht gerade als schön oder appetitlich galt ...

Schönheit hat, so wird in unserem Gespräch immer deutlicher, für sie viel mit Sinnlichkeit zu tun. Wie fühlt sich etwas an? Was strahlt jemand aus? ist dabei oft wichtiger als die Frage: Wie sieht etwas aus? Und: Wie fühle ich mich eigentlich wohl, in welchen Kleidern, in welchen Rollen, mit welchen Menschen, mit welcher Erotik? Nur wenn ich mich selbst wohl fühle, kann ich mich schön finden – und die Schönheiten in anderen entdecken. (Diese Bemerkung findet bei den anwesenden Lesben, wie nicht anders zu erwarten, großen Beifall, den sie mit Gelächter quittiert.) Das Ergebnis des Experimentierens und Suchens könne durchaus sein, dass „die ganze Schönheit" einfach irgendwann zu anstrengend werde, nämlich die gesellschaftlich normierte Schönheit, die unglaublich viel Zeit und Energie kostet: sich zu schminken, aufzubretzeln, abends den umgekehrten Weg: ausziehen, abschminken ... Vor allem junge heterosexuelle Frauen erlebten das als Norm, gegen die sie niemals verstoßen würden. Zwar komme das bei jungen Lesben in diesem Extrem seltener vor und bei älteren noch viel weniger; deren Schönheitsvorstellungen speisten sich doch häufiger aus einer – wenn auch kaum bewussten – Verweigerungshaltung gegenüber solchen Normen, wenn sie allzu starr werden. (Auch das finden die beiden Lesben, die zur Zeit dem Gespräch eifrig folgen, ganz richtig und wichtig.) Allerdings frönten gerade jüngere Lesben immer mehr einem Hedonismus, der sich nicht mehr um politische Korrektheit schert, sondern eher in die zeitgenössische Fun-Gesellschaft passe; das habe Folgen nicht zuletzt für die Art, wie sie aussehen und sich benehmen: modisch und trendy, nicht „lesbisch".

Deswegen sei es heute nur noch schwer möglich, aufgrund ihrer Kleidung und ihrer Haltung eine Lesbe von einer Hetera zu unterscheiden, wie das früher so leicht möglich war. Heute tragen Lesben wie Heteras, was ihnen gefällt, und die Abgrenzung gegenüber der heterosexuellen Welt, die Demonstration der Zugehörigkeit zur Gruppe der Lesben scheine vielen nicht mehr wichtig zu sein. Nach wie vor fällt allerdings auf, dass Lesben, auch die betont feminineren, so gut wie nie in allzu niedlichen Kleidchen mit Rüschen und Spitzen daherkommen, findet die Frau, die ihre Kaffeepause hier verbringt, bevor sie wieder aufbricht. Sie selbst trägt gern Röcke, aber sie bevorzugt die klassische Richtung ohne Schnickschnack und Chichi, und sie beobachtet das auch an anderen Lesben. Vielleicht hat das doch mit einer anderen, etwas stärker politischen Sozialisation von Lesben in einer patriarchalen Welt zu tun? Dass es auch für gestandene Lesben manchmal wie Spießrutenlaufen ist, wenn sie sich im engen kurzen Rock auf einen Szene-Event wagen, hat indessen doch eher mit der Intoleranz mancher Szenen zu tun als mit einer ernstzunehmenden politischen Haltung. Grundsätzlich schauen aber mittlerweile Lesben den Heteras und öfter noch umgekehrt die Heteras den Lesben ihre Moden ab. Und die Lesben, so behauptet die Sexpertin, gucken Moden bei den Huren ab. Huren hätten schon immer aufgrund ihrer exponierten Stellung mit Kleiderverboten zu kämpfen gehabt (sie durften nicht tragen, was den ehrbaren Frauen vorbehalten blieb), und sie machten aus der Not eine Tugend: aus Kleidervorschriften eine eigene Mode. Schon immer wurden Frauen zur Strafe für sexuelle Verfehlungen die Haare geschoren; Gelb sei die Farbe der Sexualität, folglich färbten Huren sich die Haare hellblond – und dann waren weißblond gefärbte Ultrakurzhaarschnitte bei Lesben völlig in. Modegeschichten ...

Schönheit, so lässt sich als eine Art Fazit festhalten, hat für die Sexpertin vor allem mit dem Selbstbewusstsein zu tun, die eigene Vielfalt zu leben. Kleider und Accessoires (vom Dildo zum Hut) spielen dabei die wichtige Rolle von kreativen Mitteln zum Zweck, und manchmal ist der Weg das Ziel. Insofern sind Kleider meiner Gastgeberin schon wichtig, aber die Mode nimmt sie nicht allzu ernst (sonst würde sie nicht so selbstverständlich die Kleider ihrer Mutter tragen). Kleider gehören zum Spiel mit Identitäten und Rollen, zum Experimentieren mit eigenen Vorlieben und Abneigungen und auch zum Erforschen von Sexualität. Aber Mode als eine Norm, der man sich beugt, um dazuzugehören, um Status und Reichtum zu demonstrieren, die man alle halbe Jahre wechselt, um nur ja nicht unmodisch zu sein, ganz gleich wie die eigenen Vorlieben sind? Nein, natürlich nicht. Mode als Möglichkeit der Kommunikation, der phantasievollen Selbst-Gestaltung und -Inszenierung, das ja: „Du kannst dich auch mit wenig Geld flott kleiden. Ich zum Beispiel sehe nicht, ob jemand ein Designerteil anhat oder nicht. Ich schau mir einfach an, ob das nett zusammengestellt ist, und ich guck mir die Person dahinter an. Hat die Kleidung was zu sagen oder ist sie einfach willkürlich zusammengewürfelt? Das finde ich viel interessanter als zu wissen: Das ist ein Kaschmirmantel, und er hat 1000 Euro gekostet."

DIE BOXERIN

Ich gehe zum Boxen. Nein, ich boxe nicht selbst, ich schaue nur zu: Ich bin zum Training einer Frauengruppe in Kreuzberg eingeladen worden, um mir ein etwas anschaulicheres Bild von diesem Sport zu machen – und vor allem davon, was ihn für manche Frauen und Lesben so faszinierend macht. „Bring ruhig Sportsachen mit, dann kannst du ein bisschen mitmachen", hat mir die Boxtrainerin, sicher halb ironisch, nahegelegt. Aber das ist mir doch etwas viel der Authentizität. Bei meiner Unsportlichkeit wäre es mir ziemlich peinlich, mich unter trainierte Sportlerinnen zu mischen, und sei es nur spielerisch. Ich bin schon froh, dass ich es derzeit schaffe, alle zwei Tage ins Frauenfitness-Studio zu gehen, bevorzugt morgens um sieben, um etwas für die müden Muskeln, gegen die schlechte Haltung und vielleicht auch gegen die Fettpolster zu tun, die sich seit einigen Jahren auf meinen Hüften und verschiedenen anderen Körperteilen angesammelt haben. Zuviel Lust am Essen und zuwenig Bewegung (die alte Ausrede: keine Zeit ...)

haben mir mittlerweile einen Körper beschert, in dem ich mich nicht wohl fühle. Fett ist nicht nur schön, und nicht alle Rundungen sind weiblich, manche sind auch einfach nur im Wege. Aber boxen? Das käme mir nie in den Sinn, das bin ich nicht. Aber ich bin sehr neugierig, denn etwas von der Faszination dieses Sports, gegen den ich bislang die landläufigen Vorurteile hegte, hat sich mir in den Gesprächen mit der Boxerin längst mitgeteilt.

Mit großer Leidenschaft und Eloquenz entwirft die zweiunddreißigjährige promovierte Akademikerin eine Ästhetik des Boxens, die mich ahnen lässt, welch immense Bedeutung gerade diesem Sport beim Ausprobieren und bei der Definition von Geschlechtsidentitäten zukommen kann – und dass Boxen schön ist. Zunächst einmal macht sie mir klar, dass Boxen viel mehr, nein etwas ganz anderes ist als der rohe Austausch von Fausthieben mit dem simplen Ziel, die Gegnerin fertigzumachen. Boxen habe nichts mit Gewalt zu tun, sondern mit Eleganz, Taktik, Intelligenz. Eine gute Boxerin lasse sich nicht von ihrer blinden Wut hinreißen, im Gegenteil: Sie sei klug, reagiere und denke schnell, ihre Intelligenz und ihr Körper werden eins. Da sie im Ring natürlich nicht erst nachdenken darf, bevor sie handelt, aber ebensowenig handeln sollte, ohne vorher nachgedacht zu haben, müssen ihre Reflexe reflektiert sein. Anders gesagt, sie muss ihr Körpergedächtnis stark ausprägen. Mit Instinkt hat das nichts zu tun, denn der muss im Gegenteil gerade besiegt werden. Instinktiv auf eine Bedrohung zu reagieren heißt eher weglaufen oder extrem hart zurückzuschlagen, als sich besonnen der Gefahr stellen, erklärt mir meine Gesprächspartnerin. Der Reiz am Boxen liege gerade in dieser ständigen Selbstüberwindung, zu der ziemlich viel Mut gehöre, in der Fähigkeit, die Selbstdisziplin zur zweiten Natur werden zu lassen: sich dem Kampf stellen, ohne in wütende Unkontrolliertheit zu verfallen. Körper und Psyche muss eine Boxerin disziplinieren; sie muss Techniken meisterlich beherrschen und eine Vielzahl von Regeln beachten, last but not least muss sie Respekt vor der Gegnerin haben. Ein sehr zivilisierter Kampf also, der vom Ringrichter genau kontrolliert wird.

Boxen ist mithin nicht die Ausübung roher Gewalt, sondern eine Stilisierung von Gewalt, so wie der Tango (ein Vergleich, den sie häufig verwendet) eine Stilisierung von Sex sei. Wie schafft sie es trotzdem, der Gegnerin auf die Nase zu schlagen? Denn die weibliche Sozialisation versucht uns solche Impulse ja eher abzugewöhnen. Das lernt man, sagt sie, du schlägst ja nicht auf die Nase, weil du der anderen weh tun willst, sondern weil du was gelernt hast und ihr zeigst, dass du es kannst. Es geht nicht um eine Nase, die brechen könnte (das tut sie in den seltensten Fällen), sondern um eine Fläche, auf die du zielst. Im übrigen weißt du genau: Wenn du sie nicht triffst, trifft sie dich, und dann hast du einen Fehler gemacht. Das willst du natürlich nicht. Denn es geht beim Boxen auch darum, möglichst wenige Fehler zu machen. Klar war sie selbst auch schon verletzt, aber nicht so schlimm, wie man sich das üblicherweise in Laienkreisen vorstellt: ein paar blaue Augen, ein verrenkter Kiefer, Nasenbluten ... alles halb so wild. Boxen macht nämlich in Wahrheit nicht hässlich, wie die patriarchale Welt behauptet, um Frauen davon abzuhalten, in diese Männerdomäne einzubrechen. Statistisch gesehen riskiert ein Fußballspieler mehr Kopfverletzungen als ein Boxer, der ja Schutzkleidung trägt und sein Gesicht mit Vaseline einreibt, damit der Fausthandschuh abrutscht. Allerdings wird es dann unangenehm, wenn der Schweiß diese Fettschicht aufrauht und gutgezielte Schläge die Haut aufreißen ... Besonders interessant fand sie, wie die Umwelt reagierte, wenn sie mit einem Veilchen auftauchte: Sie stieß auf ausgesprochenes oder auch unausgesprochenes Mitgefühl, denn eine Frau, der man ansieht, dass sie geschlagen worden ist, hält man automatisch für ein Opfer häuslicher Gewalt. Das war natürlich ein eklatanter Widerspruch zu ihrem Selbstbild: Ich bin doch kein Opfer, ich bin ein Krieger!

Ein Krieger ... Boxen gilt gewöhnlich als Inbegriff des männlichen Sports. Sie findet, dass er gerade darum so geeignet sei, die gängigen Ideen von Geschlechtsidentitäten aufzubrechen: „Wenn du als Frau gut boxt, dann stellst du alle Vorstellungen von Weiblichkeit in Frage. Denn es geht dann nicht mehr um die Frage: gut als Mann oder als Frau?, sondern schlicht darum, ob du ein guter Boxer bist." Wer bleibt am längsten auf den Beinen? Wer handelt taktisch am geschicktesten? Wem unterlaufen die wenigsten Fehler? Wer siegt? „Du musst immer ans Gewinnen glauben, auch wenn du keine besonders große Chance hast, sonst brauchst du gar nicht erst anzufangen." Man müsse einen ausgeprägten Wettbewerbssinn haben, sich mit anderen messen und vor allem eben auch siegen wollen, um ein guter Boxer oder eine gute Boxerin zu sein, und auch das sei etwas, was traditionell Frauen noch immer eher absozialisiert werde. Boxen sei deshalb gerade für solche Frauen, die sich nicht ganz den Mainstream-Normen von Feminität einfügen, ein idealer Sport, denn er erlaube ihnen, Seiten an sich selbst zu entdecken und zu entwickeln, die sonst verkümmern (oder zerstört werden) würden. Er erlaube ihnen, ja zwinge sie, bis an ihre Grenzen zu gehen und noch darüber hinaus, neue Grenzen zu finden, sich einer konkreten Gefahr auszusetzen. Das sei eine ganz archaische Situation, die wir in unserer scheinbar so hochzivilisierten Kultur meistens gar nicht mehr so direkt und unmittelbar erleben. Boxen ermögliche es Frauen, eine neue Vorstellung vom Frausein zu entwickeln und sie auch zu leben.

Mit einer Imitation von Männern darf man das nicht verwechseln. Boxerinnen, egal ob hetero oder lesbisch, wollen keine Männer werden, sondern nur ihren Anteil am Kuchen haben. Ebensowenig streben Boxerinnen einen „männlichen" Körper an, auch wenn bestimmte Charakteristika, die viele von ihnen entwickeln, gemeinhin „männlich" genannt werden. Das kommt wohl eher daher, dass Frauen früher bestimmte Sportarten nicht betrieben und man folglich keinen weiblichen Körper kannte, der sich in Folge des Sports veränderte; da nur Männer diese Sportarten betrieben, führte das zu dem Kurzschluss, dass ein muskulöser Körper ein männlicher Körper wäre. Das Boxtraining lässt Frauen starke Arme, breite Schultern, einen muskulösen Oberkörper (manchmal weniger Busen) und kräftige Beine bekommen. Sie achten außerdem sehr genau auf ihr Gewicht, denn man boxt ja in Gewichtsklassen. Der resultierende Körper ist folglich nicht „männlich" und auch nicht „weiblich" im traditionell-unreflektierten Sinne, sondern der Körper im Bestzustand, weder schlaff noch übertrainiert, stark und ausdauernd, von allem Überflüssigen befreit, quasi nackt. „Als Boxerin kommst du zum Kern deiner selbst und auch deines Körpers." Die traditionellen weiblichen Formen leiden nicht notwendigerweise darunter; es gibt genügend Frauen, die gerade diese durch das Boxen entwickelt haben.

So oder so: Boxerinnen sind mitnichten maskuline Frauen, sondern schlicht: starke Frauen, die kämpfen können. Und die dadurch, dass sie sich in ihrem Körper wohl fühlen, auch unendlich viel erotischer sind. Denn was ist Erotik anderes als die positive Energie, die jemand ausstrahlt, die sich gut fühlt? Essen, Sport und Sex – sind das nicht die körperlichen Genüsse schlechthin?

Dass Boxen erotisch sein könnte, war mir bislang noch nicht in den Sinn gekommen. Unsere Unterhaltung und das, was ich beim Training beobachte, lassen mich mein Urteil revidieren. Boxen ist Kampf, ist Wettbewerb, und zugleich ist Boxen eine zutiefst intime Beziehung zwischen den Gegnerinnen, die eines erotischen Moments nicht entbehrt – wobei Erotik nicht gleichzusetzen ist mit Sex, wenn auch die körperliche Erschöpfung danach durchaus an die Erschöpfung nach dem Orgasmus denken lässt. Auch beim Boxen konzentriert man sich eine gewisse Zeit lang (neun Minuten, um genau zu sein) auf eine einzige Sache, dann ist es vorbei. Auch beim Boxen kann man nehmen oder genommen werden, überschreitet man Grenzen, erfährt man sich selbst intensivst und auf unhintergehbare Weise.

Nie würde sie mit ihrer Geliebten boxen. Boxen sei emotional auch so schon anstrengend genug, ohne dass noch echter Beziehungsstress hineinspielt. Dazu müsse es im Ring dann doch zu hart hergehen, dazu habe Boxen dann doch zuviel mit Gewalt zu tun. Außerdem kämpft sie grundsätzlich gegen Partnerinnen oder Partner, die ihr gleich sind, also gleich groß, gleich schwer, gleich stark. Ihre Freundinnen waren eher kleiner, femininer, also schon deshalb keine Ringpartnerinnen, und ihr Selbstverständnis in einer Beziehung ist eher, dass sie ihre

Geliebte beschützt (oder ihr beibringt, wie sie sich selbst schützen kann), als dass sie mit ihr kämpft. Das meint keine Ungleichheit, sondern Gegenseitigkeit: Sie bietet ihrer Freundin einen adäquaten Rahmen für deren Feminität, die Möglichkeit, diese zu entfalten und zu tun, was sie möchte. Umgekehrt ist sie stolz auf ihre schöne Geliebte. Es ist also eher die Differenz zu sich selbst, was sie in dem Fall attraktiv findet, wobei sie durchaus auch Frauen wie sie selbst anziehen können, aber auf andere Weise. Mit Jungs ist es noch mal anders, eher eine narzisstische Lust am Gleichen, was sie reizt: Einer der Jungs zu sein ist lange Teil ihres Selbstverständnisses gewesen. Boxen gehört zur Butch-Identität vieler Lesben, wie für andere das Motorrad oder der Pick-up; es ist Teil der Phantasien, die sie in anderen Menschen wecken wollen. Aber natürlich gibt es auch Femmes, die boxen, und feminine heterosexuelle Frauen. In der Öffentlichkeit werden butchy Boxerinnen übrigens nicht gern gesehen, sie lösen zuviel Ängste vor einer Verwirrung der Geschlechtergrenzen und vor einer Entmachtung der Männer aus. Frauen sollen auch heute noch hübsch und harmlos wirken – nur damit können sie einen Teil der männlichen Ängste beruhigen. Professionelle Boxerinnen werden daher indirekt oder auch direkt dazu angehalten, ihre Feminität zu betonen, sexy Sportkleidung zu tragen und sich außerhalb des Rings geschminkt und weiblich gekleidet zu zeigen, also ihr eher maskulines oder butchy Wesen zu verleugnen. Völlig absurd ...

Hat ihr Boxen etwas mit ihrem Lesbischsein zu tun? Sie lacht und erwidert: „Eher mit meinem Lesbischbleiben." Durch das Boxen lerne man viele hübsche Frauen kennen; viele Lesben finden sich ja bekanntlich durch den Sport. Boxen biete Frauen einen Ort, an dem sie ihr Anderssein ausprobieren können;

gerade jungen, noch unsicheren Frauen das anzubieten ist ihr als Trainerin wichtig. Obwohl sie sagt, dass es nicht mehr lesbische als heterosexuelle Boxerinnen gebe, scheint mir doch, dass Boxen ein idealer Sport für Lesben ist: Die Möglichkeit, mit Geschlechtergrenzen zu experimentieren, Anderssein zu leben ist ja etwas, was für Lesben immer noch wichtiger ist als für viele heterosexuelle Frauen. Aber solche Klassifizierungen findet sie problematisch. Wichtiger als das, was jemand angeblich „ist", findet sie, was jemand denkt und tut und wie sie oder er sich mit Identität und Sexualität auseinandersetzt. Persönlichkeit sei doch wichtiger als Klassifizierungen wie „lesbisch", „hetero", „schwul", „transgender". Queer? Ja, vielleicht sei das noch am ehesten das Konzept, mit dem man Persönlichkeiten, Sexualitäten, sexuellem Begehren und Identitäten gerecht werden kann, ohne sie durch Klassifizierungen festzulegen und auszugrenzen.

Ich möchte noch etwas mehr erfahren über das, was im Ring zwischen den Boxerinnen, die zwar nicht unbedingt Freundinnen, aber auch keine Feindinnen sind, passiert. „Deine Gegnerin ist eher deine Partnerin; du bist ihr dankbar und hast Respekt vor ihr. Du hast sehr viel körperliche Nähe zu ihr; es geht immer darum zu antizipieren, was als nächstes kommt: Was tut sie, was tue ich? Wie weit ist sie weg, wie nah ist sie? Du versuchst sie auszutricksen, du verhandelst mit ihr, führst sie, lässt dich vielleicht auch führen – wie beim Paartanz." Genauer: wie beim argentinischen Tango, dem Inbegriff erotischen Tanzens. Sie tanzt, was mich mittlerweile nicht mehr überrascht, selbst begeistert Tango und erklärt mir die Analogien zwischen Tango und Boxen: Bei beidem müsse man bestimmte Figuren perfekt beherrschen, um dann improvisieren zu können (die Fußarbeit sei beim Boxen übrigens wichtiger als der Faustkampf; bekannt ist ja der Kommentar, Boxer im Ring tänzelten umeinander herum). Bei beiden sei der Rhythmus von zentraler Bedeutung. Und natürlich das Miteinander, der enge Bezug aufeinander: Allein tanzen wäre so albern wie allein zu boxen. Beim Tanzen wie beim Boxen ist Eleganz wichtig; man wird eine bessere Boxerin, wenn man nicht nur die Effizienz, sondern auch die Schönheit dessen, was man da tut, im Auge behält. Schön sind in ihren Augen klar artikulierte, harmonische Bewegungen, die nicht natürlich, sondern stilisiert sind. Schön ist das Miteinander, die Konzentration auf eine andere Person. Schön sind die ausdauernden, starken, aber nicht übertrainierten Körper mit ihren aktiven Muskeln. Schön ist die archaische Situation, der sich kaum jemand, auch keine Zuschauerin, entziehen kann.

Risiko, Gefahr (alles könnte verloren sein), geschärfte Wahrnehmung, Konzentration aufs Hier und Jetzt, Plötzlichkeit – alle diese Momente spielen auch in der modernen Ästhetik eine zentrale Rolle, in Kunst, Literatur, Theater, und während ich beim Training zuschaue oder den differenzierten und begeisterten Ausführungen der Boxerin lausche, wird mir zunehmend klar, wieso sie sie aufs Boxen übertragen kann. Boxen, so verstehe ich jetzt, ist eine Performance, völlig artifiziell, und doch gibt es kein schützendes „Als-Ob", sondern immer die reale Gefahr, die unmittelbare Präsenz im Hier und Jetzt. Daraus resultiert eine Aura des Authentischen, die keine Videoaufzeichnung einfangen und reproduzieren kann. Boxen hat seinen Ursprung im uralten Mann-zu-Mann-Faustkampf, aber man kann es heute nur angemessen würdigen im Kontext der modernen Performance-Kultur. Es ist ein Sport und eine Kunstform. Boxen steht für nichts anderes, wie Joyce Carol Oates schreibt, sondern es ist immer nur es selbst und bedeutet nur sich selbst. Es ist keine Metapher für das Leben, im Gegenteil: Eher ist das Leben eine Metapher fürs Boxen.

Tangoschlampen

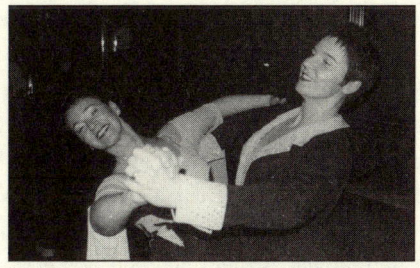

Während der offenen Berliner Meisterschaften für Frauen- und Männerpaare in den Standard- und Lateinamerikanischen Tänzen, veranstaltet vom schwullesbischen Berliner Tanzclub Pink Ballroom, beobachte ich sie: Kerstin und Andrea warten darauf, dass sie an die Reihe kommen, gehen umher, begrüßen Bekannte, setzen sich wieder an ihre Plätze, trinken Wasser, lockern sich. Die Spannung ist deutlich spürbar, doch geben sie sich gleichzeitig gelassen. Als sie schließlich auf die Tanzfläche gehen, gibt es nur noch die Konzentration auf das Tanzen. Man sieht sofort: Hier tanzen zwei, die mehr im Sinn haben als ihre brillante Technik. Es macht ihnen trotz des Leistungsdrucks – bei Turnieren unvermeidlich – großen Spaß, zusammen zu tanzen; sie haben Lust an der Bewegung, am Rhythmus, auch an der Inszenierung. Denn natürlich hat das Turniertanzen auch etwas zutiefst Theatralisches, das keine andere Sportart bieten kann. Im Gegensatz zu manchen anderen Paaren, die eher gegeneinander tanzen, tanzen diese beiden miteinander, und das Ergebnis ist schön: harmonische Bewegungen, Einklang zweier Körper trotz unterschiedlicher Rollen und Charaktere. Die beiden sind perfekt geschminkt und sehen auch nach Stunden noch makellos aus; sie tragen auffallende, aufeinander abgestimmte Kostüme, die sich von denen der meisten anderen Frauenpaare durch ihre Professionalität und Farbenfreude unterscheiden. Kerstin, die Molligere von beiden mit rotem Kurzhaarschnitt, trägt zum Standardtanzen einen einteiligen, eng anliegenden blauen Anzug mit nach unten weiter werdenden Beinen, einem tiefen V-förmigen Ausschnitt und einem rosafarbenen, mit Straßsteinen besetzten Revers; an den langen Ärmeln nehmen breite Manschetten das Rosa und das Glitzern des Revers wieder auf. Andreas Anzug ist eine verspieltere, im herkömmlichen Sinne femininere Variante in den gleichen Stoffen und Farben, aber anders geschnitten. Das wie bei einem Empirekleid hochangesetzte Oberteil ist rosa, wie ein Ballkleid tief und weit ausgeschnitten, paillettenbesetzte Träger glitzern, und die ellbogenlangen Ärmel enden in langen rosa Chiffonschals.

Die beiden verleihen der Veranstaltung Glanz. Das ist nicht gerade typisch für Lesben, auch wenn sich viele der Frauenpaare offensichtlich Mühe geben, sich besonders nett zu kleiden. Manchen gelingt es besser, anderen weniger gut; einige Paare gehen auch in betont schlichter Straßenkleidung aufs Parkett, als ob sie sich dafür schämten, einen Sport auszuüben, der auch ein Spektakel ist und das Versprechen auf Glamour in sich trägt, und als wollten sie betonen, dass Tanzen Sport und nichts als Sport sei, den auch glamourfeindliche Lesben ausüben können. Tatsächlich, so erzählen mir Kerstin und Andrea später, habe sich in bezug auf die Kostüme in den letzten Jahren einiges geändert, die Frauen bekommen zunehmend Spaß an der Kostümierung, am Schminken und an allem, was zu einer gelungenen Inszenierung beiträgt. Als sie beide mit dem Tanzen anfingen, war das noch völlig verpönt – Lesben trugen mehrheitlich auch dabei den unauffälligen Einheitslook. Als Andrea es erstmals wagte, mit höheren Absätzen und im Kleid zum Tanzen zu erscheinen, wurde sie von einigen der Mittanzenden deswegen angegriffen ... Auch wenn sich die Einstellungen langsam ändern, erzählt sie, wie sehr sie es genossen habe, als sie neulich mit einem schwulen Tanzpaar zusammen zu einem Turnier fuhren und sie endlich einmal stundenlang über Mode, Schminke und Kostüme reden konnte! Mit Lesben gehe so etwas auch heute noch nicht, auch mit der eigenen Freundin nicht, sagt sie traurig. Und Kerstin ergänzt bedauernd, dass sie Mode nun mal äußerst langweilig finde, auch wenn sie den Tanzkostümen längst viel mehr Aufmerksamkeit widme als früher.

Kerstin und Andrea tanzen seit sechs Jahren zusammen, genauso lange sind sie ein Paar. Tatsächlich haben sie sich beim Tanzen kennengelernt. Ist es nicht schwer, als Paar gemeinsam zu tanzen? Klar, bestätigen beide, aber es habe auch Vorteile. Man gehe zwar vielleicht respektloser miteinander um, aber man könne auch daraus lernen, Konflikte auszutragen. Als gleichberechtigte Frauen, von denen keine gern nachgibt, streiten sie sich heftig beim Tanzen, und es gab durchaus einmal einen Punkt, an dem sie sich sagten: entweder tanzen wir weiter, oder wir haben weiter eine Beziehung, beides geht nicht mehr. Damals gelang es ihnen, eine Strategie zu entwickeln, mit Differenzen umzugehen, die beides wieder vereinbar machte. Aber die Gefühlsschwankungen bleiben extrem: Manchmal haben sie beim Tanzen eine mörderische Wut aufeinander, manchmal ist es traumhaft schön, und dazwischen ist alles möglich.

Kerstin hat das Tanzen schon im Teenie-Tanzkurs Spaß gemacht, aber sie hörte danach auf. Als sie Ende der 80er Jahre nach Berlin kam, war sie die einzige Teilnehmerin eines angekündigten Frauentanzkurses, was darauf hinauslief, dass sie mit der Lehrerin tanzte. Nach und nach etablierten sich dann aber Frauentanzkurse, und sie nahm fortan regelmäßig daran teil. Für Andrea fing alles ganz anders an. Sie war sehr krank, chronische Schmerzpatientin, und ihre Neurologin verordnete ihr Bewegung. Andrea schildert anschaulich, wie sie mürrisch und zusammengesunken vor der Ärztin saß und alle Sportarten, die diese ihr vorschlug, kategorisch ablehnte. Als letztes blieb nur noch Tanzen, und sehr zögerlich – sie war überzeugt, sie hätte zwei linke Füße – ließ sie sich darauf ein. Zu ihrem Erstaunen fiel ihr das Tanzen sofort leicht; nach wenigen Wochen landete sie schon in den höheren Kursen, und damit begann eine Leidenschaft, die sie bis heute nicht losgelassen und die übrigens zu ihrer Gesundung beigetragen hat.

Das Schöne daran: Es ist eine gemeinsame Leidenschaft des Paares. Als die eine einmal einen Bänderriss und die andere einen gebrochenen Fuß hatte, warteten sie gerade so lange, bis sie keine Krücken mehr brauchten, dann humpelten sie wieder auf die Tanzfläche und tanzten. Als Kerstin ihr praktisches Jahr als Ärztin im Krankenhaus absolvierte, war das Tanzen für sie lebenswichtig. Siebzig, achtzig Stunden Arbeit in einem streng hierarchisierten, patriarchalen Kontext: Hätte sie nicht tanzen können, wäre sie damals vollkommen verkümmert. Das Unterrichten (mit dem die beiden vor vier Jahren anfingen) gehörte zu der Zeit schon dazu. Kerstin sagt, auch damals, völlig überarbeitet und fertig, sei ihr das Herz aufgegangen, wenn sie abends nach der Arbeit in einem Frauenzusammenhang Frauen tanzen lehren konnte: Tango Argentino in Gruppen, Standard und Latein im Einzelunterricht. Andrea bestätigt, dass Unterrichten zwar Arbeit sei, aber sie habe dadurch gelernt, dass Arbeit Spaß machen kann. Dabei geht es beiden nicht so sehr um die Perfektion von Bewegungen, obgleich die Technik selbstverständlich die Grundlage allen Tanzens sei. Wichtig ist ihnen eher, darauf zu schauen, wie eine Frau sich bewegt, welche Bewegungen ihr möglich sind, welche nicht, warum das so ist und wie man das unter Umständen ändern kann. Herauszubekommen, welche Frau sich warum zum Führen entscheidet, welche zum Folgen; mit ihnen herauszuarbeiten, wie man beides lernen kann. Denn führen zu wollen heißt ja mitnichten, auch führen zu können. Wenn eine Frau nur dominieren will, genügt das nicht. Im Gegenteil gehört zum Führen im Tanz viel Sensibilität für die Partnerin, außerdem der Überblick über den Raum und die Klarheit zu wissen, was frau möchte, und die Bestimmtheit, das auch zu tun. Unentschiedenheit ist da ganz schlecht, denn dann kann die folgende Partnerin nicht verstehen, was sie tun soll, das heißt, sie kann sich nicht führen lassen. Umgekehrt ist diejenige, die folgt, keineswegs passiv, sondern sie nimmt aktiv an der Gestaltung des Tanzes teil. Andrea und Kerstin bringen das auf den Punkt: „Unser Ziel ist: nicht gleich, aber gleichberechtigt." Sie selbst praktizieren den Führungswechsel. Im Unterricht jedoch werden die Rollen (erst einmal) festgelegt, denn bevor man nicht eine Rolle richtig gut beherrsche, sei es zu verwirrend, auch noch die zweite zu lernen, finden sie.

Kerstin und Andrea sind sich einig: „Auch wenn wir selbst unterrichten, finden wir, dass wir unterrichtet werden müssen." Nur so behält man die Kontrolle über die eigenen Leistungen und lernt dazu. Zwei Jahre lang waren sie das einzige Berliner Paar, das zu Turnieren fuhr, ein rechtes Turniertraining für gleichgeschlechtliche Paare gab es noch nicht. Sie tanzten in ihrer Tanzschule weiter, arbeiteten dann mit verschiedenen Einzeltrainern, mittlerweile trainieren sie im Pink Ballroom, einer einmaligen Einrichtung: einem schwullesbischen Tanzclub innerhalb eines „normalen" Sportvereins, in dem auf sehr hohem Niveau mit Profi-Trainerinnen und -Trainern gearbeitet wird; die Ergebnisse können sich sehen lassen, denn Berliner Tänzerinnen und Tänzer sind mittlerweile auf überregionalen Turnieren führend, und Andrea und Kerstin gehören zur Spitzengruppe.

Die Tänzerinnen kontrollieren sich selbst auch mit Hilfe von Videoaufnahmen. Erstaunlich ist, wie sehr das Gefühl für den eigenen Körper und die eigenen Bewegungen zuweilen abweicht von dem, was zu sehen ist: Man kann das Gefühl haben, eine Bewegung raumgreifend auszuführen, und sieht auf dem Video, dass es in Wahrheit eine ganz kleine Bewegung ist; man sieht, dass man mit dem Kopf wackelt, was man bislang nicht gewusst hat, oder dass man das Bein nur fünf Zentimeter über den Boden hebt, obwohl man glaubt, man hebe es bis zum Knie. Das eigene Körpergefühl muss also gewissermaßen durch den Blick von außen kontrolliert und kann dann verändert werden, denn wenn man erst mal gesehen hat, wie man sich bewegt, spürt man es auch besser. Darum auch die Spiegel in vielen Unterrichtsräumen. Und deshalb führen die beiden im Unterricht nicht nur vor, wie eine Bewegung auszusehen hat, sondern auch, wie sie bei den Schülerinnen aussieht, was manchmal sehr komisch ist. Dazu gehört genau das Quentchen Lust am Komödiantischen, das auch ihre eigenen Auftritte, zumal im Tango Argentino, so ausdrucksstark macht. Die rechte Mischung macht's: Erklären, Analysieren, auf den Begriff bringen einerseits, das Vorführen und Ermuntern zum Nachahmen andererseits, das auf die Ausbildung des jeweiligen Körpergefühls setzt. Dabei ergänzen sich beide bestens, denn Andrea hat immer die Begriffe parat, Kerstin tanzt mehr aus dem Gefühl heraus.

So unterschiedlich sie unterrichten, so unterschiedlich sind sie als Personen, und darauf legen sie großen Wert. Das wird schon äußerlich sichtbar. Als wir uns treffen, trägt die rothaarige Kerstin T-Shirt, Hose, Turnschuhe und fast keinen Schmuck. Andrea hat die kurzen Haare schwarz gefärbt, sie ist geschminkt und hat ein ganz klein wenig Glitzerpuder auf den Haaren, den man kaum sieht, der aber immer wieder dezent auffunkelt. Sie trägt einen schmalen schwarzgrundigen Rock mit rotem Blumenaufdruck, ein ärmelloses enges schwarzes Oberteil mit Rollkragen, schwarze hochhackige Sandalen, mehrere Ringe an den Fingern, ein rotes Glasperlenarmband, zwischen Grün und Rot funkelnde Ohrringe; die Finger- und Fußnägel sind rot lackiert. Ja, diese unterschiedlichen Outfits seien schon typisch für sie beide, erklären sie, auch wenn Andrea modisch ständig Neues ausprobiert, sich die Haare anders färbt – mal weißblond, mal rot, mal schwarz –, unterschiedliche Farben bevorzugt und es auch fertigbringt, immer wieder völlig anders auszusehen. Sie hat Spaß an der Mode und Lust an der Verkleidung; sie geht gern und oft shoppen, kauft sich ständig etwas Neues und kann sich dann gar nicht vorstellen, wie sie ohne das hat leben können, vergisst es dann aber auch immer wieder („ich habe ein kurzes Gedächtnis", erklärt sie). Kleiderkaufen tröstet sie, wenn es ihr schlecht geht. Sie ist auch diejenige, die solange mit Schminke jeglicher Art experimentiert hat, bis sie das ideale Make-up und die besten Stile für ihrer beider Bühnenauftritte herausgefunden hatte; alles selbst erprobt. Und sie entwirft und näht viele ihrer Tanzkostüme selbst. Ihr räumliches Vorstellungsvermögen erlaubt es ihr, Stoffe, Kleiderentwürfe oder Kleider im Regal sofort mit Leben zu füllen.

Kerstin hingegen, so erklärt Andrea mit leichtem Schauder in der Stimme, liebt privat Shorts, T-Shirts und Sandalen; das versucht sie ihr seit Jahren abzugewöhnen, und mittlerweile achtet Kerstin mehr auf ihre Kleidung. Sie erzählt, dass sie als Kind sehr agil war, gern auf Bäume kletterte und außerdem wenig Geld für Kleider in der Familie da war. Übergewichtig sei sie schon damals gewesen, und das alles hatte zur logischen Folge, dass Kleidung für sie vor allem praktisch sein musste und immer noch sein muss. Privat sei es inzwischen zwar leichter, sich in größeren Größen ganz gut anzuziehen. „Aber früher", erzählt Kerstin, „war das doch ganz anders. Als Jugendliche musste ich in die Herrenabteilung, wenn ich was zum Anziehen oder Schuhe kaufen wollte; in der Frauenabteilung gab es meine Größen nicht." Da kommt man gar nicht auf die Idee, sich schön anzuziehen oder gar den eigenen Körper als attraktiv wahrzunehmen; das ist ein Lernprozess, der später einsetzt, länger dauert und auf das Feedback von außen angewiesen ist. Andrea hatte darauf einen gewissen Einfluss. Sie findet, dass das, was heute als Übergrößen für Frauen angeboten wird und das Übergewicht kaschieren soll, in der Regel erst richtig dick macht. „Diese Säcke – und Karottenhosen, statt Hosen, die unten weit werden ..." Sie kann es kaum aushalten, wenn Frauen sich durch ihre Kleider nicht hübscher machen, und so hat sie Kerstin beigebracht, sich anders anzuziehen, engere Sachen zu tragen, ihr schönes Dekolleté zu zeigen, und sie erinnert sie immer wieder daran, dass sie dafür Komplimente bekommt.

Mode langweilt Kerstin nach wie vor, allerdings lässt sie sich von Andrea gern inspirieren, etwas mehr darauf zu achten. Liebevoll-ironisch meint sie, es sei rein räumlich ja gar nicht zu verkraften, wenn auch sie so modebegeistert wäre wie ihre Freundin: „Wenn ich fünf Paar Schuhe habe, hat sie fünfzig; wenn ich einen Kleiderbügel habe, hat sie sechs – wo sollten wir das alles wohl unterkriegen, wenn ich auch soviel hätte?!"

Kerstins Tanzkleidung hat sich mehr verändert als ihr privates Outfit, und die Kluft zwischen Bühnenkostüm und Alltagskleidung ist für sie tiefer als für Andrea. Zu Beginn trug sie zu Auftritten eine dunkle Straßenhose, die schon erheblich schicker war als die Jeans, die sie gewöhnlich anhatte, alles andere wäre ihr mehr als übertrieben und unauthentisch erschienen. Im Laufe der Zeit ließ sie sich auf die farbenfrohen, theatralischen Kostüme, auf hautenge Schnitte, in denen man die Bewegungen besser erkennen kann, auf Schminke und Glitzer ein. Das ist für sie beim Tanzen längst keine Verkleidung mehr, in der sie sich selbst fremd wäre, sondern es gehört dazu. Sie kann sich mittlerweile selbst schminken, bekommt zunehmend Lust am Experimentieren mit Stilen und Outfits und lernt dabei eine Menge über sich selbst dazu. Noch immer zieht sie für sich sowohl in den Bewegungen als auch in der Kleidung die sportlichere Variante vor, aber sie hat auch ihre weichere, zartere Seite entdeckt und kann die mittlerweile zulassen und ausleben. Und das, was ihr zu Beginn ihrer Tanzkarriere als geeignete Tanzkleidung erschien, trägt sie mittlerweile als Alltagskleidung.

Andrea wiederum trägt keine Kleider mehr zu Turnieren: Dazu muss man, damit es gut aussieht, Tanzschuhe mit hohen Absätzen tragen, und die sind ihrer Ansicht nach eine Quälerei. In ihnen steht man schlechter, die Füße tun viel schneller weh, ja man macht sie sich kaputt, und vor allem kann man darin unmöglich führen. Also trägt sie beim Tanzen flachere Schuhe und dazu Hosen, in denen sie sich viel besser bewegen kann, so gern sie privat auch Röcke und Kleider trägt. Ihre Lust an modisch-femininen Outfits hindert sie immer öfter daran, mit dem Motorrad zu fahren; der Helm zerdrückt die Frisur, man kann keine Ohrringe tragen, keine Röcke – da nimmt sie lieber das Auto und überlässt Kerstin die BMW, die sich darüber freut, weil sie viel lieber mit dem Motorrad unterwegs ist, und der das modisch keinerlei Probleme bereitet.

Andrea liebte schon in ihrer Heterozeit die modische Vielfalt, trat mal im Motorradoutfit, mal im hyperfemininen Look auf. Als sie ihr Coming-out hatte, unterwarf sie sich freiwillig dem lesbischen Stilzwang, wie sie es nennt, trug Jeans und karierte Hemden, verzichtete auf Make-up und Nagellack, um nur ja nicht mehr hetera auszusehen. Im Laufe der Jahre wuchs ihre Selbstsicherheit als lesbische Frau, und das Tanzen wurde für sie schließlich auch modisch zu einer Befreiung: Da konnte sie auch als Teil eines lesbischen Paares endlich wieder tragen, was glitzert und funkelt, und das hatte Rückwirkungen auf ihren privaten Stil, der sich gewissermaßen dem Bühnenstil anpasste. Beide finden, dass es auch heute noch zu wenige Lesben gebe, die das tragen, was ihnen gefällt (ganz gleich was); für die meisten sei immer noch der Maßstab, nicht hetera aussehen zu wollen. Schade, aber glücklicherweise ändere sich das, und im Vergleich zu früher sei doch schon erheblich mehr modische Offenheit unter Lesben zu beobachten.

Das glänzende Outfit beim Tanzen hat natürlich strategische Gründe: Nicht nur muss man sich als Paar von den anderen Paaren im Turnier unterscheiden, um den Wertungsrichtern aufzufallen; es macht sich außerdem ganz schlecht, wenn man müde und erschöpft aussieht, und das tut man nach vielen Stunden, wenn man sich nicht richtig gut schminkt. Echtes Bühnen-Make-up verhindert, dass die Ringe unter den Augen und das rotgeschwitzte Gesicht zu sehen sind, lässt die Tänzerinnen nach Stunden noch immer taufrisch und fit wirken. „Wenn man mitleidig gefragt wird, ob es einem schlecht gehe, geht es einem doch sofort schlechter."

Ist das nicht ein arger Druck, dieser Zwang zur Schönheit im Turnier? „In Heterokontexten schon, bei Lesben nicht: Da ist es immer noch eher ungewöhnlich, und der Druck besteht nach wie vor eher darin, es nicht zu tun." Auch wenn sich, wie beide nochmals betonen, langsam etwas ändert, die Kleider auf den Turnieren schöner werden, mehr Lesben sich schminken und sich nicht mehr durch die mühsame Phase des Experimentierens mit Make-up, das mitsamt dem Schweiß in hässlichen Streifen das Gesicht herunterläuft, abschrecken lassen ...

Ein besonderer Vorteil beim gleichgeschlechtlichen Tanzen ist, dass man diesen Sport auch betreiben kann, wenn man bereits etwas älter ist und keinen elfengleichen Körperbau hat. Bei den Heteros sind die Tangotänzerinnen dreizehn, vierzehn und magersüchtig. Andrea ist vierzig, Kerstin sechsunddreißig.

Andrea ist schlank, aber sie erzählt, dass ihr Gewicht ständig schwanke, sie endlich jedoch damit leben könne und finde, dass sie jahrzehntelang viel zuviel Lebenszeit und Energie damit vergeudet habe, sich zu hässlich und zu dick zu fühlen. Außerdem konnte sie schon immer „gut verpacken", so dass man die Kilos zuviel nicht so merkte.

Kerstin ist wohlproportioniert und fülliger; sie hat gerade zwanzig Pfund verloren und will noch weiter abnehmen, indessen weniger aus Eitelkeit als aus sportlichen Gründen: Ihre Trainerin hat ihr empfohlen, zugunsten der Beweglichkeit und Geschwindigkeit schlanker zu werden. Die größere Leichtigkeit hat auch Folgen für ihr privates modisches Verhalten: Sie verspürt langsam mehr Lust zu experimentieren, sich anders als sonst anzuziehen. Dennoch hängt körperliche Schönheit für beide nicht in erster Linie von Schlankheit oder Fülle ab. Ein schöner Körper, so führt Andrea aus, hat Spannung, ganz egal, ob er dick oder dünn ist. Und für Kerstin ist das Körpergefühl das Entscheidende: den eigenen Körper spüren und imstande sein, andere Körper wahrzunehmen.

Beiden ist wichtig, dass das, was sie auf der Tanzfläche tun, schön aussieht. „Nein", wiegelt Andrea ab, „es soll gut aussehen, das ist ein Unterschied." Gut aussehen kann auch das, was nicht richtig, was überzogen, was vielleicht sogar lächerlich ist. Spannung müsse drin sein, das sei wichtiger als vieles andere. Beim Tanzen können durchaus Gegensätze ausgetragen, es darf gekämpft werden, aber miteinander, nicht gegeneinander und nicht jede für sich allein: Dann entstehe eine Harmonie, die, da sind beide einig, schön sei. Das Tanzen muss Spaß machen, es muss Hingabe an den Tanz und an die Partnerin dabei sein: „Ich höre da auf, wo der Rücken meiner Partnerin ist." Für Kerstin ist das Miteinander- und Füreinander-Tanzen schön: „Nicht in erster Linie fürs Publikum will ich gut tanzen, sondern für dich und mit dir." Mit dem Niveau des Tanzens hat die Schönheit folglich nichts zu tun, sondern mit Gemeinsamkeit, mit Inbrunst, mit Hingabe, kurz: mit einer inneren Haltung. Folglich können selbstverständlich auch Anfängerinnen schön tanzen. Hier liegt in beider Augen auch ein wesentlicher Unterschied zwischen den männlichen und den weiblichen Tanzpaaren. Männer lernen früher, selbstbewusst aufzutreten und sich darzustellen; ihre Körpergröße ist ein Vorteil, sie sind gewöhnt, sich ausgreifend und dynamisch zu bewegen. Darum tanzen Männer oft exzentrischer, technischer, jeder mehr auf seine eigene Wirkung bedacht. Frauen hingegen stellen sich stärker aufeinander ein, sie tanzen mehr miteinander und denken auch beim Führen nicht nur an sich selbst.

Sowohl Kerstin als auch Andrea schütteln zwar zuweilen den Kopf über die andere, aber sie tolerieren die jeweiligen Eigenarten. Und letzten Endes sind die Unterschiede das, was eine Beziehung am Leben hält: „Wenn man sich an die andere anpasst, hat man schon verloren." Das gilt für das Privatleben wie für das Tanzen, das sie mit einem Gespräch vergleichen, in der jede sie selbst bleibt und doch auf die andere eingeht. Die Frage, ob es symbiotische Tanzpaare gebe, die sich so aneinander anpassen, dass sie austauschbar wirken – also den Zwillingseffekt erzeugen – verneinen beide: Das Tanzen lasse so viel Symbiose gar nicht zu. Das führt uns wieder zur Frage der Rollen und des Rollentauschs beim Tanzen. Welche führt, welche folgt? Zu Beginn wollten beide führen: Andrea unter anderem deshalb, weil sie Kleider und High Heels trug und das Weiblichkeitsklischee um keinen Preis verstärken wollte, indem sie sich auch noch führen ließ. Kerstin, weil die führende Rolle unbewusst die mächtigere Rolle für sie darstellte. Das hat sie erst später begriffen, in Auseinandersetzungen mit Andrea. Damit setzte ein Sinneswandel ein. Heute führen beide, und beide folgen – und sie tun beides gern. Sie genießen die Wahlmöglichkeit zwischen Führen und Folgen, zwischen Nähe und Distanz. Konsequenterweise haben sie auch die Rollen neu definiert: „Die Führende lädt ein, die Folgende entscheidet." Tut sie das nicht, ist das Ergebnis nicht schön. Natürlich spielen Kerstin und Andrea auch mit den Klischees, die gewöhnlich mit den unterschiedlichen Rollen verbunden werden. Sie lösen die Rollen dabei nicht komplett auf, sondern spielen sie im Gegenteil aus, denn beide Frauen können so auf unterschiedliche Weise in unterschiedlichen Momenten ihre verschiedenen Seiten ausleben. Das ist das Gute am Tanzen: Es aktiviert unterschiedliche Gefühle. Eigentlich finden sie die Begriffe „dominant" und „hingebungsvoll" vielsagender – allerdings muss klar sein, dass dominant nicht „männlich" und schon gar nicht „führend" bedeutet: „Ich habe beim Führen oft mehr Hingabe an die Folgende", erklärt Kerstin. Und die Positionen werden nicht für den ganzen Tanz festgelegt, sondern während des Tanzens findet eine ständige Oszillation zwischen Dominanz und Hingebung, zwischen Führen und Folgen statt. Die Führungswechsel können auffallend oder ganz beiläufig sein, verbunden mit einem Haltungswechsel oder auch ohne Haltungswechsel: Ihnen beiden ist immer klar, welche von beiden gerade die Impulse gibt. „Für uns hat es jedenfalls einen unglaublichen Reiz, beides zu tanzen." So ist auch der Tango, dem ja ihre besondere Liebe gilt, in ihren Augen kein Machotanz, auch wenn er von den Heteros so getanzt wird. Der Tanz selbst könne ja gar nicht heterosexistisch sein, betonen beide, sondern nur die Art, wie er getanzt werde. Da sie beide sich von vornherein als Lesben damit auseinandergesetzt haben, hat er für sie diese Bedeutung nie gehabt. Sie lieben seinen Rhythmus, sie lieben die Kommunikation, die sich zwischen ihnen beim Tanzen herstellt.

Warum sie sich ausgerechnet „Tangoschlampen" nenne, will ich abschließend wissen, da ich nicht zu der Generation gehöre, für die Begriffe wie „Schlampen" oder „Luder" positiv klingen. Darüber müssen beide lachen, denn über den Namen stolpern viele; manche fürchten auch, er habe mit ihrem Tanzstil zu tun, was mitnichten der Fall ist: Sie lehren (und tanzen) eine präzise Technik, auf der alles andere – das Gefühl beim Tanzen, die Interpretation – überhaupt erst aufbaut. „Wir nennen uns so, weil wir so schlampig in der Werbung sind. Bis unsere Programme fertig sind, ist der Kurs oft schon vorbei", spöttelt Andrea. Tatsächlich hat die Wahl des Namens damit zu tun, dass sie nicht mit den professionellen Tänzerinnen aus der Heteroszene verwechselt werden wollen. Der Begriff „Schlampen" ist für sie außerdem grundsätzlich positiv besetzt: „Das sind selbstbewusste, starke Frauen." Und schließlich funktioniere es doch, oder? Alle regen sich über den Namen auf – und merken ihn sich deshalb.

BLICKE

kuesschen

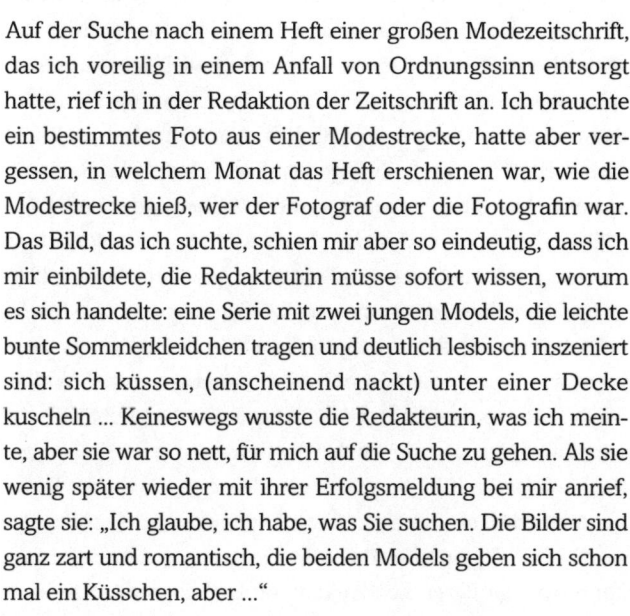

Auf der Suche nach einem Heft einer großen Modezeitschrift, das ich voreilig in einem Anfall von Ordnungssinn entsorgt hatte, rief ich in der Redaktion der Zeitschrift an. Ich brauchte ein bestimmtes Foto aus einer Modestrecke, hatte aber vergessen, in welchem Monat das Heft erschienen war, wie die Modestrecke hieß, wer der Fotograf oder die Fotografin war. Das Bild, das ich suchte, schien mir aber so eindeutig, dass ich mir einbildete, die Redakteurin müsse sofort wissen, worum es sich handelte: eine Serie mit zwei jungen Models, die leichte bunte Sommerkleidchen tragen und deutlich lesbisch inszeniert sind: sich küssen, (anscheinend nackt) unter einer Decke kuscheln ... Keineswegs wusste die Redakteurin, was ich meinte, aber sie war so nett, für mich auf die Suche zu gehen. Als sie wenig später wieder mit ihrer Erfolgsmeldung bei mir anrief, sagte sie: „Ich glaube, ich habe, was Sie suchen. Die Bilder sind ganz zart und romantisch, die beiden Models geben sich schon mal ein Küsschen, aber ..."

... aber was hat das mit Lesben zu tun? So ergänzte ich den unausgesprochenen Rest des Satzes. Und staunte über zwei so unterschiedliche Wahrnehmungen desselben Bildes. Mir war zwar klar, dass es auf diesem Modefoto nicht um Lesben geht, und die beiden Models sehen auch nicht „lesbisch" aus, aber ihre lesbische Inszenierung schien mir unübersehbar. Das „Küsschen", das sie sich geben, ist so harmlos nicht: Die beiden küssen sich vielmehr, und das ist ja doch etwas anderes.

Aber die Ambivalenz ist in das Bild eingebaut: Man kann es, je nach persönlicher Vorliebe, so oder so wahrnehmen, und das ist Absicht. Das Bild ist so inszeniert, dass die heterosexuelle Leserin einer solchen Zeitschrift keinen Anstoß daran nimmt, weil alles mit Ausnahme des „Küsschens" denkbar Mainstream ist. Zugleich aber gibt das dezent homoerotische Moment des „Küsschens" dem Bild einen – wenn auch vielleicht nur unterschwelligen – Reiz, den die üblichen Inszenierungen von Modefotos, die den männlichen Blick immer mitdenken, vielleicht nicht haben (können). Zugegeben: Dieser lesbische Reiz entspricht eher einer voyeuristischen Mainstream-Erotik à la Bilitis, aber er ist vorhanden. Lesben sehen das sofort, denn sie sind ja an das Lesen von Subtexten gewöhnt. Aber richten sich solche Bilder, die immer mal wieder in klassischen Modezeitschriften aus dem hochpreisigen und hochklassigen Segment wie *Vogue* oder *Marie Claire* auftauchen, an sie? Wollen solche Modepräsentationen auch ein lesbisches Publikum gewinnen? Oder sind die Bilder für heterosexuelle Frauen gedacht, denen auf diese Weise ein kleiner zusätzlicher Kitzel gegönnt wird, ein Anreiz zu ungefährlichen sexuellen Phantasien? Eine allgemeine Akzeptanz lesbischer Lebensformen kann trotz größerer Sichtbarkeit von Lesben und trotz eingetragener Partnerschaft wohl kaum bereits in dem Maße vorausgesetzt werden, dass „lesbische" Bilder in aller Selbstverständlichkeit als ebenso „normal" gelten wie heterosexuelle (oder einsam-narzisstische) Szenen; ebensowenig kann man den Modefotografen oder Moderedaktionen ein Plädoyer für „Toleranz" unterstellen (ohnehin ein fragwürdiges Konzept). Auch sind Lesben von der Werbung noch nicht als Zielgruppe entdeckt worden. Anders als Schwule, die mittlerweile offen eingesetzt werden (etwa für Iglo oder Ikea), gibt es nur selten Werbung, die unverkennbar mit Lesben operiert, weil sie auch Lesben ansprechen will. Eine Ausnahme bildet eine Reklame für die Zigarettenmarke West vor einigen Jahren, oder, in den USA, eine GAP-Werbung Mitte der 90er Jahre, die gezielt einen lesbischen Star mit Kultstatus, kd lang, einsetzte, um – natürlich – für Jeans zu werben. Lesben gelten der Werbebranche offensichtlich (noch?) nicht als gute Konsumentinnen, was sicher damit zusammenhängt, dass sie, statistisch gesehen, über weniger Geld verfügen als Schwule, und auch damit, dass Lesben ihr Geld anscheinend nicht im gleichen Maß wie Schwule und heterosexuelle Frauen für die Luxusgüter Mode und Schmuck ausgeben – jedenfalls nicht so offensichtlich. Denn wenn es so etwas wie eine lesbische Kultur überhaupt gibt, dann trägt sie eher subkulturellen oder politischen Charakter und bezieht sich weniger auf Lifestyle und alles, was damit zusammenhangt, wie es bei den Schwulen der Fall ist, deren „Kultur" viel mehr soziale Schichten umfasst und eher hedonistisch orientiert ist. Diejenigen Lesben, die sich hochwertige Luxusgüter leisten, können anscheinend nicht ohne weiteres einer „lesbischen Kultur" zugerechnet werden und sind folglich auch als Zielgruppe nur schwer zu fassen.

Ich fange an zu suchen, blättere in der Bibliothek und zu Hause Modezeitschriften der letzten zehn, fünfzehn Jahre durch und finde immer wieder Fotos, die ähnlich lesbische Signale aussenden wie das Bild mit den beiden jungen Frauen, „die sich ein Küsschen geben". In einer *Vogue* von 2001 fotografiert der unter Feministinnen berüchtigte Helmut Newton ein Model in knappsten Bikinis und Kleidern, das als Typus und in seiner Körpersprache deutlich butchy ist – aber sie wird ganz und gar hetero inszeniert. Auf einem wunderschönen Foto in einer anderen *Vogue* aus demselben Jahr sitzen zwei ganz ähnlich geschminkte und frisierte, sehr feminine Frauen in Hosenanzügen voreinander auf einer Bank; die eine schlägt ihre Beine über die der anderen, sie schaut der anderen mit einem Blick ins Gesicht, den ich als begehrend beschreiben würde – eine Inszenierung, die zwar nicht zwei Lesben zeigt, aber auch nicht einfach zwei gut befreundete heterosexuelle Frauen: Das Spiel mit lesbischen Anspielungen ist auch hier unübersehbar.

In den 90er Jahren war das Spiel mit Geschlechterrollen und sexuellen Identitäten in der Modefotografie und der Werbung besonders beliebt. Eine Zeitlang war Androgynie angesagt (die Calvin-Klein-Werbung für das Unisex-Parfum *CK One* ist das berühmteste Beispiel dafür). Hin und wieder wurde ganz offen mit Verkleidung gespielt: Die Frau, die Männerkleider oder von Männerkleidung inspirierte Mode trug, wurde zur Moderepräsentantin. Dieser Trend verlief nicht zufällig parallel zum Boom der Themen Maskerade, Cross-Dressing, Transgender in den Kulturwissenschaften. Ein Foto aus der deutschen *Vogue* vom April 1994 etwa zeigt zwei weibliche Models, die im Stil des 18. Jahrhunderts gekleidet sind: Die eine trägt Kleid und Mieder, die andere einen Männeranzug ähnlich denen des 18. Jahrhunderts. Die Frau im „männlicheren" Stil mit kürzeren Haaren umfasst und küsst die weiblichere, der anderen steht das Mieder schon halb auf, sie hat die Augen geschlossen ... Das Ganze wirkt letzten Endes nicht so sehr lesbisch, sondern eher wie ein Szenenfoto aus einer Oper, zum Beispiel *Figaros Hochzeit*, in der eine Sängerin den heranwachsenden Knaben Cherubino spielt, und ist damit nicht wirklich anstößig. Es spielt mit einer allgemein anerkannten Tradition der Hochkultur, die mit wirklichen Lesben nichts im Sinn hat, das Spiel mit Geschlechterrollen und damit immer wieder auch indirekte lesbische Momente als erotischen Kick zulässt. Vergleichbare Inszenierungen zeigen Modestrecken, in denen zum Beispiel Topmodel Kristen McMenamy dem Fotografen Albert Elgort für die deutsche *Vogue* Mitte der 90er Jahre als „Dandy" posiert. Im Jahr 2002 kann man erneut Modefotos in einem ähnlichen Geist bewundern, denn wieder ist der sogenannte Boy-Stil für Frauen trendy. Dazu zählt aber typischerweise auch, dass die „männlichen" Outfits (Hosenanzüge, Westen) durch weibliche Elemente „aufgelockert" werden: hochhackige Schuhe, Make-up, Handtaschen ... was eine „echte" Lesbe, die den maskulineren Stil bevorzugt, nie tragen würde, denn dadurch würde er zum Tussi-Stil. (Die echten Lesben, die den femineren Stil mögen, tragen übrigens durchaus Handtaschen und müssen dann in der Regel außer dem eigenen auch noch den Krimskrams ihrer Begleiterin darin verstauen, den diese in der Hosentasche nicht unterbekommt ...)

In den 80er Jahren gab es ein lesbisches Model, das aber nie als „lesbisch" inszeniert wurde, sondern auf den Modefotos vollständig dem Mainstream-Glamour-Bild entsprach. Gia war zu Beginn der Topmodel-Ära außerordentlich erfolgreich. Sie führte ein ausschweifendes Leben und verfiel bald harten Drogen, von denen sie nicht mehr loskam. Mit sechsundzwanzig Jahren starb sie völlig verarmt und vergessen an Aids.

Der Typus der Lesbe wurde erst in den 90er Jahren in den Modezeitschriften entdeckt und sofort vermarktet. Damals kam ein neuer Trend in der Modefotografie auf, der auf Provokation und den Reiz des Bizarren, ja teilweise Hässlichen setzte. Die Perfektion der auf traditionelle weibliche Art schönen Topmodels (Claudia Schiffer, Naomi Campbell, Cindy Crawford und anderen) war langweilig geworden; bizarr wirkende neue Modeltypen schreckten das Publikum auf. Das bekannteste Beispiel ist Kate Moss, die wie ein halb verhungertes, vernachlässigtes Kind oder ein Junkie inszeniert wurde (worüber in den Medien unendlich viel und kontrovers diskutiert wurde: Übt das einen fatalen Einfluss auf die jungen Frauen aus, die Moss nachahmen könnten? Welche Leitbilder verrät eine solche Mode? Kommt eine neue Ästhetik des Hässlichen auf?). Auch deutlich lesbische Frauentypen trugen zu diesem allgemeinen Trend des Provokanten bei. Jenny Shimizu war als Lesbe out und inszenierte sich entsprechend dem gängigen Lesbenklischee (beziehungsweise wurde so inszeniert): nie lieblich lächelnd, sondern streng oder abweisend und in lässiger Haltung. Ein mürrischer Gesichtsausdruck und eine lässige bis nachlässige Körperhaltung ist mittlerweile auf den Modefotos in teuren Hochglanzmagazinen allgegenwärtig, aber das ursprünglich Lesbische ist verlorengegangen. Jenny Shimizu trug die Haare sehr kurz und scheinbar ungestylt, wirkte knabenhaft muskulös und machte besonders mit ihrem Tattoo auf dem rechten Oberarm von sich reden: eine nackte Frau, die einen phallischen Gegenstand hochklettert ... Die Frankokanadierin Eve Salvain wurde Anfang der 90er von dem für modische Skandale zuständigen Jean Paul Gaultier entdeckt und dann rasch auf den Laufstegen vieler anderer Modestars eingesetzt: Mit ihrer Glatze und dem Drachentattoo auf der Kopfhaut war sie ein völliger neuer Typ in der internationalen Modeszene – wenn auch nicht in der Lesbenszene, in der extrem kurze Haare oder eben ganz kahl rasierte Köpfe damals schon seit einiger Zeit geradezu Kultstatus genossen.

Mit dem vorübergehenden Boom lesbischer oder lesbisch wirkender Models in den 90er Jahren wurden übrigens, wenn ich das richtig beobachtet habe, kurze Haare für Models erstmals salonfähig. Nicht nur Topmodel Nadja Auermann tauchte plötzlich mit kurzer Wuschelfrisur auf. Heute sind Kurzhaarschnitte an Models ganz normal, während es früher allgemein hieß, Models müssten, um sich besser verwandeln zu können, lange Haare haben, mit denen man mehr anfangen könnte als mit kurzen. Aber nicht von ungefähr ist es noch immer der besonderen Beachtung und einer zumindest kleinen „Beauty-Notiz" in den Zeitschriften wert, wenn eine von ihnen (oder auch eine Schauspielerin) ihre Haarpracht opfert. Offensichtlich war das Argument der Wandlungsfähigkeit vorgeschoben: Lange Haare gelten einfach in unserer Kultur als Zeichen von Feminität, und deswegen durften Models, Inbegriff traditioneller Weiblichkeitsbilder, lange Zeit keine kurzen Haare haben. Kein Wunder andererseits, dass Haare ein Dauerthema für Lesben sind: Kurzhaarschnitte als Ausdruck eines „anderen" Frauenbildes, das sich den Normen der heterosexuellen Gesellschaft verweigert; Kurzhaarschnitte als Erkennungszeichen für andere Lesben; Kurzhaarschnitte als Zeichen der Freiheit und Selbstbestimmtheit – das sind Leitmotive in jeder

Beschäftigung mit dem Lesbenstil und übrigens gern eingesetzte Signale in jedem Coming-out-Roman: Jede Romanheldin, die zur Lesbe mutiert, dokumentiert diese Verwandlung, indem sie sich die Haare abschneiden lässt.

Die Modeindustrie bemächtigt sich nicht nur der Kurzhaarschnitte, sondern auch vieler anderer (guter) modischer Ideen von Lesben und kommerzialisiert sie, das heißt, macht sie für alle anderen käuflich verfügbar. Dazu gehören neben kahlgeschorenen Köpfen auch beispielsweise schwarze Lederjacken, die wie Männerjacken aussehen, Tätowierungen und Piercings – alles modische Elemente, die natürlich nicht nur Lesben mochten, die aber bei Lesben schon Trend waren, bevor sie zum allgemeinen Trend wurden. Ähnliches gilt für den Look, der aussah, als käme die Trägerin direkt vom Sportplatz. Als diese Sportmode, die keine ist, dann offiziell von der subkulturellen Anti-Mode zum Modetrend und von Firmen wie Hilfinger und Prada lanciert wurde, übernahmen Lesben ihn in seinen Mainstream-Varianten, die Bauchfreiheit, fiktive Sportschuhe und andere Details einschlossen. So wird ein Trend aus der Lesbenszene mit einemmal zur Mode und wirkt von da zurück auf den lesbischen Stil. Viele junge Lesben sind heute von anderen jungen Frauen kaum mehr zu unterscheiden, weil sie die gleichen Modetrends favorisieren; zu den Modefirmen, die beide Gruppierungen bedienen und erheblich dazu beigetragen haben, die modischen Stile zu vermischen und im Sinne einer Gruppenzugehörigkeit ununterscheidbar zu machen, gehört neben Prada und Tommi Hilfinger auch Calvin Klein. Das, was durch diese Moden signalisiert wird, ist Jugend und In-Sein.

Eve Salvain, Jenny Shimizu und in ihrem Gefolge einige andere, namenlose Models der 90er Jahre machten im Gegensatz zu Kate Moss nur kurz Furore und verschwanden dann wieder. Lesbische Models und lesbische Moden scheinen im Mainstream kurzlebig zu sein – aber sie sind hartnäckige Wiedergänger und deswegen auf lange Sicht einflussreich. Denn immer wieder kommt ein Trend von der marginalisierten Lesbenszene in den Mainstream und sorgt dort für den notwendigen Kick des Neuen und Überraschenden, wenigstens im Bild, wenn auch nicht unbedingt in der Realität. So ist gerade der Kontrast faszinierend, den Eve Salvain inszeniert: zwischen der Provokation des kahlen, tätowierten Schädels und der irrsinnig teuren und eindeutig zum Establishment gehörenden Haute Couture, die sie trägt. Oder auch: zwischen den Erwartungen, die wir an die Modefotografie in einem teuren Modemagazin haben, und dem, was wir sehen. Eve Salvain jedenfalls wirkt sofort viel weniger interessant, wenn sie mit blonder Perücke und lachend fotografiert wird, wie beispielsweise in einem „Rollenspiel" in *Vogue* von September 1993. Ihre Schönheit verliert den Reiz des Besonderen, und sie wird in ihrer „Normalität" austauschbar – eine von vielen Models, die sich den heterosexuellen Betrachterinnen bruchlos als Wunsch-Spiegelbild anbieten. Damit meine ich: Die Leserin sieht zwar in die

Modezeitschrift wie in einen Spiegel, aber sie erblickt darin nicht sich, wie sie wirklich ist, sondern wie sie gern wäre oder sein sollte. Der Spiegel jedoch, den die ernst blickende, glatzköpfige, lesbisch wirkende Eve Salvain oder die androgyne Jenny Shimizu der Betrachterin anbieten, lässt sich so einfach nicht erklären. Hier funktioniert etwas, was sich als die moderne Sucht nach dem Besonderen charakterisieren lässt. Die medienwirksame Verwendung lesbischer Anspielungen baut auf die Exotik einer ausgegrenzten, „anderen", immer noch ein wenig verbotenen oder doch wenigstens verborgenen, unbekannten Sexualität. Deren Verführungskraft ist groß, um so größer, je mehr sie die Phantasie anregt. Phantasien, auch erotische, drängen ja nun, wie wir wissen, keineswegs notwendigerweise auf Realisierung. Lesbischsein ist heute nicht mehr besonders anstößig, dennoch transportiert das Bild der Lesbe Ideen von Freiheit, Rebellion und exotischer Sexualität. So kann „die Lesbe" zum Zeichen für „das Besondere" werden (zumal ja, sozio-psychologisch betrachtet, jede Lesbe im Vergleich mit der Menge Heterosexueller immer „besonders" ist). Darum werden immer wieder modische Elemente, die von Lesben favorisiert werden und diesen als Identitätszeichen dienen, vom Mainstream absorbiert, ohne dass sie dort als lesbisch weiterhin identifizierbar wären. Dort suggerieren sie dann nur noch (für kurze Zeit): ausgefallenen Schick, Besonderheit. Sie bedeuten folglich nichts mehr, sondern sind zum leeren modischen Zeichen geworden, das beliebig eingesetzt werden kann und damit auch seine Provokation verloren hat. Die Konsequenz für Lesben, die noch einen spezifisch lesbischen Stil wollen, um sich vom Mainstream zu unterscheiden, ist, dass sie sich immer wieder etwas Neues ausdenken müssen.

Wir leben seit zweihundert Jahren in einer Kultur des Individualismus. Heute ist es uns selbstverständlich, dass unser Ich das Wichtigste auf der Welt ist; das war nicht immer so. Aber wie kann jede/r einzelne es schaffen, einzigartig und unverwechselbar zu sein, wenn Milliarden anderer genauso unverwechselbar und einzigartig sein wollen oder zu sein glauben?

Die Mode lebt von der Angst, gewöhnlich zu sein; sie schürt diese Angst einerseits und gibt ihr immer wieder Gegenmittel in die Hand. Charakteristisch für die Mode wie für unser modernes Leben schlechthin ist: der Drang nach dem ständig Neuen, nach dem Überraschenden; endloser Wechsel, Zerstörung des Alten, um Raum für das Neue zu schaffen, oder auch Recycling des Alten – Schnelligkeit, Aufregung, Spaß, ein enormer Drang zur Selbstdarstellung. Unablässig werden neue Phänomene (modische Trends, Personen, Filme, Musik, Kleider) zum „Kult" erklärt, aber sie verschwinden so schnell wieder, wie sie gekommen sind. Was bleibt, ist einzig der Kult des Besonderen, Ungewöhnlichen, Einzigartigen, ganz gleich, in welcher Weise es auftritt bzw. sich zu realisieren sucht.

Lesben haben den Millionen besonderen, einzigartigen Individuen etwas voraus: Die anderen müssen sich ständig um ihre Besonderheit bemühen, Lesben besitzen sie, ob sie wollen oder nicht (und manche bemühen sich daher eher um ihre Unauffälligkeit). Denn die Erfahrung, als – in der Regel einzige – junge Lesbe in einer heterosexuellen Welt der vermeintlichen Normalität aufzuwachsen, gibt vielen Lesben ganz automatisch ein Gefühl für die eigene Besonderheit. Sie sind selten von Anfang an Teil einer Gruppe (bzw. fallen immer irgendwie aus der Gruppe, etwa der Familie, heraus); vielmehr müssen sie ihre Gruppenzugehörigkeit später und außerhalb der Gemeinschaft, in der sie aufwachsen, finden. Also sind sie zunächst einmal unverwechselbare Individuen. Wesentliches Element des späteren Coming-out-Prozesses ist es dann, sich als Teil einer Gruppierung, als „Lesbe", zu begreifen, was häufig auch eine Vorliebe für bestimmte modische Stile mit sich bringt, sei sie dauerhaft, sei sie vorübergehend. Die Rolle der Trendsetterinnen scheint da geradezu programmiert – theoretisch: Denn heute wollen alle „anders" sein, ganz besonders und unverwechselbar, und alle inszenieren das mit Hilfe der Mode. Je skandalöser ein Bild ist, desto lieber wird es vom progressiven Mainstream angeeignet und nachgeahmt.

Modefotos mit lesbischem Subtext jedenfalls richten sich ganz offensichtlich nicht ausdrücklich an lesbische Leserinnen. In ihnen geht es nicht wirklich um lesbische Lebensstile, sondern um eine gezähmte Homoerotik, die Besonderheit, Exotik, den Schick des im realen Leben immer noch Tabuisierten suggeriert. Die Verwertung solcher Bilder und Stile hat zwei Seiten: Wenn in der Werbung und in der Modefotografie immer wieder „lesbisch" inszenierte Frauen auftauchen, bedeutet das einerseits mehr Sichtbarkeit – und zeigt außerdem an, dass Lesben als Zielgruppe möglicherweise ins Visier geraten –, aber andererseits bedeutet es eine Reduktion lesbischer Lebens- und Liebesstile zum bloß modischen und völlig beliebigen Versatzstück. Dass die Models auf solchen Inszenierungen selten Moden tragen, die man spontan als „typisch lesbisch" klassifizieren würde, untermauert die These, dass der lesbische Aspekt zwar deutlich genug sein soll, aber nicht anstößig wirken darf, oder anders gesagt, er soll freiwillig lesbar sein, sich also nicht aufdrängen. Der heterosexuellen Kundin soll schließlich nicht das Gefühl vermittelt werden, dass sie etwa lesbisch wirken könnte, wenn sie dieses Kleid oder jenen Hosenanzug trägt ... Aber sie will ausgefallen, besonders, unverwechselbar sein, und das suggerieren ihr mehr oder weniger unbewusst wirksame kulturelle Signale besonders gut. Insofern ist es kein Wunder, dass die Redakteurin, die mir freundlicherweise das gesuchte Bild schickte, mit meiner Beschreibung des Fotos als „lesbische Szene" nichts anfangen konnte; eine derartige Eindeutigkeit würde den Absichten des Magazins wohl widersprechen und kann nicht im Sinne der Erfinder sein. Vielleicht täusche ich mich auch, wenn ich dem Foto unterstelle, dass es einen lesbischen Subtext zu inszenieren sucht. Worin ich mich nicht irre, ist, dass ich als Betrachterin das Foto genau so lesen kann, weil es Signale setzt, die ambivalent und somit vielfach ausdeutbar sind. Das unterscheidet dieses Foto auch von einem Modefoto in einer lesbischen Zeitschrift. Diese mögen ebenso ambivalent inszeniert sein wie die besten Mainstream-Aufnahmen – in erotischer Hinsicht sind sie übrigens oft harmlos genug –, dennoch verführt da der Kontext zu dem Kurzschluss, dass die Bilder völlig eindeutig zu lesen wären: Es scheint fraglos, dass es bei den dargestellten Frauen um Lesben geht bzw. dass sie Lesben darstellen sollen und dass die abgebildete Mode sich speziell lesbischen Käuferinnen anbietet, auch wenn sie sowenig spezifisch lesbische Charakteristika aufweist, dass sie genausogut von jeder anderen Frau gekauft und getragen werden könnte. Lesbische Erotik wird, wenn sie überhaupt ins Bild gebannt wird, eher in einer ausdrücklich erotischen Fotografie präsentiert als in Modeaufnahmen; letztere sind in Lesbenkontexten einfach zuwenig eingeführt und wenn, dann zu stark auf das modische Angebot hin funktionalisiert. Lesbische Modefotografie erfüllt anscheinend nicht die Doppelfunktion für die Betrachterinnen, wie das die Modefotografie in den großen Mode- und Lifestylemagazinen durchaus tut: Diese übernimmt nämlich ganz nebenbei auch die Rolle der erotischen Fotografie für Frauen. Daraus resultiert eine weitere wichtige Ursache dafür, warum bestimmte lesbische Anspielungen sich so gut für modische Inszenierungen eignen, eine Ursache, die mit Lesben gar nichts zu tun hat. Die Frauen, die in *Vogue* oder *Marie Claire* in „lesbischen" Posen abgebildet werden, sind, das habe ich schon betont, oft auffallend „unlesbisch"; beziehungsweise wenn sie „lesbisch" aussehen, werden sie mainstreamig inszeniert. Sie sehen sich darüber hinaus oft erstaunlich ähnlich: Sie haben ähnliche Körper, sind ähnlich frisiert, tragen ähnliche Kleider. Tatsächlich verhalten sie sich wie Spiegelbilder. So sind die Erotik oder auch das Begehren, das sie füreinander zum Ausdruck bringen sollen, letzten Endes innerhalb dieser auf modischen Konsum funktionalisierten Bildökonomie vollkommen narzisstisch: selbstverliebt, nicht etwa verliebt. Letztlich geht es auf solchen Bildern um eine einzige, nicht um zwei unterschiedliche Personen. Dass solche Fotos das längst überholte Klischee von Homosexualität als wesensmäßig narzisstisch zitieren, bräuchte gar nicht zu interessieren, würde dieses veraltete Erklärungsmodell nicht einer grundsätzlichen Metaphorisierung dienen: Im Bild lesbischer Erotik wird tatsächlich weibliche Selbstverliebtheit dargestellt. Das lesbische Verhalten der Frauen auf dem Bild ist nicht wörtlich zu verstehen, sondern als Metapher für eine als grundsätzlich vorausgesetzte weibliche Befindlichkeit. Auf diese Weise wird auf einer bildlich-metaphorischen Ebene ein imaginärer Raum für den weiblichen Narzissmus geschaffen, von dem schließlich die ganze Modeindustrie lebt.

Die Fotografin

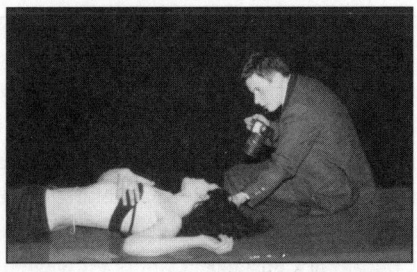

Ihre Wohnung hat sie im Prenzlauer Berg, wohin ich an einem ziemlich unfreundlichen Winterabend fahre, um sie zu treffen, mit ihr Bilder anzuschauen und über Bilder zu sprechen. Sie ist um die Dreißig, Fotografin, und sie fotografiert Menschen. Nicht nur Frauen, nicht nur Lesben, aber auch, und das ist natürlich der Aspekt ihrer Arbeit, der mich am meisten interessiert. Aber sie erklärt mir gleich, dass sie kein lesbisches Zielpublikum hat, dass sie gar kein klar definiertes Zielpublikum hat, denn das würde ihrem Anspruch zuwiderlaufen. Der ist kein lesbischer, sondern ein künstlerischer Anspruch. Sie würde sich selbst, ihre Möglichkeiten, ihre Kunst gewissermaßen knebeln, wenn sie sich in erster Linie als „lesbische Fotografin" verstünde und ihre Arbeit entsprechend ausrichten, nur noch Lesben für Lesben fotografieren würde. Sie fotografiert viel lieber Menschen jeden Alters und jeden Geschlechts, und es gefällt ihr, wenn das Geschlecht nicht sofort und eindeutig das Bild dominiert. In ihren Bildbänden, zum Beispiel dem über

Paare, rückt sie gerade diese Ambiguität gern in den Mittelpunkt; es freut sie, wenn die Betrachterinnen und Betrachter stutzen und sich fragen, ob sie auf dem Bild zwei Frauen oder zwei Männer oder eine Frau und einen Mann sehen ... Ich frage mich, ob das nicht ein sehr lesbischer Standpunkt ist, denn wer sonst ist in den letzten Jahren auf die Idee gekommen, Uneindeutigkeiten von „Geschlecht" überhaupt zu thematisieren? Man denke nur an die Theoretikerin Judith Butler und den Wirbel, den sie mit ihrer These von der sozialen Konstruiertheit des biologischen Geschlechts Anfang der 90er Jahre zuerst in der akademischen Welt und dann auch in der lesbisch-schwulen Community auslöste. Daraus entwickelte sich das Konzept „queer". „Queer" bedeutet, sich allen klaren Zuordnungen zu entziehen. Damit war zuallererst die heterosexuelle Norm gemeint, der Lesben und Schwule sich verweigerten. Bald erweiterte sich das Konzept und bezog sich auch auf jene neuen Normen, die durch Identitätszuschreibungen wie „schwul" oder „lesbisch" zustandekamen. Die wirkten zwar zunächst befreiend, aber sie wurden rasch als neue Festlegung und Einengung erlebt: Man war lesbisch, schwul oder hetero, und das hieß, ganz und gar lesbisch, schwul oder hetero sein zu müssen. Andere Möglichkeiten standen einer dann nicht mehr frei. Und wieder war da kein Raum mehr für Zwischenexistenzen, für Transgender-Menschen, für Bisexuelle, für Variationen innerhalb der Konzepte von schwul und lesbisch selbst. Gegen diese erneute Vereinnahmung setzt sich das Konzept von „queerness" zur Wehr. Queer ist heute nichts anderes als der Versuch, sich jeder Eindeutigkeit und jeder Fixierung zu verweigern und Identität, zumal sexuelle Identität, als offen und veränderlich zu akzeptieren. Es bedeutet, die Vielfalt von Begehren zuzulassen, also zum Beispiel auch, als Lesbe offen Männer begehren zu dürfen oder sich als Lesbe auch mal schwul zu identifizieren und gleichsam als schwuler Mann eine Frau/Lesbe zu begehren.

Es ist ein Konzept, mit dem die Fotografin gut leben kann; sie mag die Einschränkungen nicht, die mit jeder Definition, sei es einer Identität, sei es eines Begehrens, sei es einer Lebensform, einhergehen. Für ihre Arbeit ist es jedenfalls die unabdingbare Voraussetzung, denn wie anders sollte sie unterschiedliche Menschen fotografieren? Wenn sie jemanden porträtiert, heißt das, dass sie sich auf ihr Gegenüber einlässt und umgekehrt das Gegenüber sich auf sie. Es entsteht eine Beziehung zwischen ihnen – und sei sie noch so flüchtig –, die durch Vertrauen und Hingabe charakterisiert ist und ohne die kein gutes Foto zustandekommen kann. Das Zwischenmenschliche muss stimmen, erklärt die studierte Erziehungswissenschaftlerin, die durchaus eine Verbindung zwischen ihrem früheren und ihrem jetzigen Beruf sieht: Beides, Pädagogik wie Fotografie, sei Beziehungsarbeit. Beides setze Interesse an Menschen voraus und eine ausgeprägte Sensibilität für Stimmungen und Atmosphären. Dass sie genauer als andere hinschauen muss, um immer wieder den richtigen Moment zu erwischen, dass sie ihre Wahrnehmungen reflektieren und im zweidimensionalen Bild fixieren und, last but not least, selbstverständlich die handwerklichen Techniken ihres Berufs aus dem Effeff beherrschen muss, erwähnt sie gar nicht erst, das versteht sich von selbst.

Wenn die oder der Porträtierte sich der Fotografin „hingibt", heißt das nicht, dass diese die Situation bestimmte. Es ist eher so, dass „etwas" zwischen beiden stattfindet, was im besten

Falle zum Ergebnis hat, dass Dinge sichtbar werden, die sonst nicht gesehen werden, dass der fotografierte Mensch, gleich welchen Geschlechts, gemeinsam mit der Fotografin Seiten an sich entdeckt, die ihm bislang nicht bekannt waren. Dazu gehört, so denke ich, sicher viel Vertrauen gegenüber der fotografierenden Zeugin und „Geburtshelferin". Die Fotografin ist indessen davon überzeugt, dass man sich immer so zeigt, wie man ist, „auch wenn man etwas verbergen möchte. Auch die Masken gehören zu einem."

Eine solch intime Situation zwischen zwei Menschen ist erotisch. Und so strahlen viele der Porträts Erotik aus, auch wenn sie vordergründig gar keine erotischen Fotografien sind. Das gilt übrigens auch für Aufnahmen von Männern, denn sie gesteht sich den erotischen Blick auf Männer durchaus zu, ja hält ihn für notwendig, um gute Bilder zu machen.

Ausdrücklich erotische Fotos macht sie aber auch, sowohl solche mit künstlerischem Anspruch als auch mehr illustrative Auftragsarbeiten wie zum Beispiel für ein Sexbuch für Lesben, das sie mitherausgegeben hat. Darin finden sich sehr präzise Aufnahmen von Frauen, Körpern, Körperteilen, Aufnahmen, die bei allem didaktischen Interesse ihren ästhetischen Anspruch nicht verleugnen. Für dieses Buch musste die Fotografin noch mehr als sonst wie eine anweisende Regisseurin agieren. Denn diesmal ging es um die „mehr oder weniger sachliche Darstellung von Sex, nicht darum, Beziehungen zu zeigen." Natürlich sind auch die Aufnahmen in ihren anderen Büchern von ihr inszeniert. Zwar lässt sie den Paaren oder einzelnen Menschen, die sich der Kamera stellen und diese doch zugleich vergessen müssen, um sich ganz auf sich selbst beziehungsweise aufeinander zu konzentrieren, Raum und Zeit, schafft eine Atmosphäre von Intimität, wartet ab, aber natürlich hat immer sie, die Fotografin, die Fäden in der Hand: „Die Leute haben die Möglichkeit, ihre natürlichen Bewegungen zu machen, die ich dann erkenne und festhalte, aber das ganz klar unter meiner Regie und mit konkreten Bewegungs- und Stellungsvorgaben."

Auch wenn sie also nicht programmatisch als Lesbe Lesben für Lesben fotografiert: Dass ihr eigenes Begehren sich auf Frauen richtet, schlägt sich in den Bildern nieder und ist für andere erkennbar, ohne dass sie es absichtlich hineingelegt hätte. Wahrscheinlich, so überlegt sie, ist es unausweichlich, dass ihr Begehren im Sichtbaren Spuren hinterlässt. Das heißt natürlich nicht, dass sie jede Frau, die sie fotografiert, tatsächlich im wirklichen Leben begehrte, aber das Potential des Begehrens bestimmt ihre Perspektive und verleiht den Fotos ihren unverwechselbaren Charakter. Wenn manchmal Freundinnen raten, welche der fotografierten Frauen sie tatsächlich begehrt haben, mit welcher sie vielleicht sogar im Bett gewesen sein könnte, dann irren sie sich ziemlich häufig. Was zwischen Fotografin und Fotografierter vorgeht und was auf den Bildern zu sehen ist, ist viel subtiler. „Die Erotik, die in den Bildern zu sehen ist, kann aus prickelnden Situationen entstanden sein, wird aber über den Moment des Fotografierens nicht hinausgetragen." Die Fotografin ist eben Profi.

Gemeinsam betrachten wir einige Schwarzweiß-Aufnahmen aus ihren letzten Fotobänden. Ich verstehe sofort, was sie meint, wenn sie sagt, das Gesicht eines Menschen sei für sie das Wesentliche, auch das Auswahlkriterium dafür, jemanden als „Modell" zu wählen – oft entscheidet sie sich spontan dazu, auch Fremde auf der Straße anzusprechen; übrigens hat noch niemand komisch darauf reagiert. Der Körper ordnet sich für sie dem Gesicht und seiner Ausdruckskraft unter; sie wählt niemanden, weil ihr Körper etwa einem gängigen Schönheitsideal entspricht: gertenschlank, glatt und jung.

Ich vertiefe mich in die Fotos und sehe: Eine junge Frau mit kurzen blonden Haaren, den Kopf leicht geneigt, die linke Hand ans Kinn gehoben, schaut ohne ein Lächeln (oder beginnt sie gerade zu lächeln?), unter leicht gesenkten Lidern aus dem Bild. Die Aufnahme richtet die ganze Aufmerksamkeit auf das schöne Gesicht mit seinem unergründlichen Ausdruck, das durch Licht- und Schattenwirkungen klar konturiert wird, während alles andere ganz leicht überbelichtet ist, wodurch der Blick immer wieder zum Gesicht zurückgeschickt wird. Das verhaltene Foto strahlt Präsenz aus. Die Frau scheint völlig bei sich und kommuniziert doch zugleich mit einem unsichtbaren Gegenüber. Ein anderes Foto zeigt die halb entblößte Brust, eine Schulter und das halb beschattete Gesicht einer liegenden, in die Kamera blickenden Frau mit leicht geöffnetem Mund so nah, dass ein unglaublicher Eindruck von Intimität entsteht. Andere Fotos nehmen mehr Distanz ein: Eine stehende junge Frau im Profil, man sieht sie bis zum Oberschenkel, hat eine Hand über die Brust gelegt, die andere nach vorn gestreckt, sie folgt mit dem Blick der Linie ihres Armes, das Ganze in starken Schwarz-Grau-Wirkungen. Auf einer anderen Seite das Profil einer alten Frau mit tiefen Runzeln, die an einer Rose riecht ...

Seltener finden sich fast abstrakte Körperlandschaften, Ausschnitte, in denen es auf Linien und Licht- und Schattenwirkungen ankommt. So hat die Fotografin eine Zeitlang vorzugsweise gearbeitet; sie findet die Fotos immer noch gut, aber dieser Aspekt interessiert sie nicht mehr besonders. Wichtiger als die Schönheit der Linie ist ihr derzeit die sinnliche Oberfläche; sie konzentriert sich lieber auf Porträts, in denen es um die Schönheit des Menschen im Hier und Jetzt geht, um Ausdruck und Charakter. Sie habe vor Jahren journalistisch distanziert zu fotografieren begonnen, sich dann ihren Modellen angenähert, Porträts gemacht, sich auf Linien konzentriert, dann erotische Porträts gemacht, so langsam sucht sie wieder etwas mehr Distanz. Es gebe für alles eine Zeit, sie hasst es, sich zu wiederholen, was nicht immer einfach ist, denn es gibt ja schon alles. Aber: „Ich bin froh, dass ich Krisen habe und dadurch meine Arbeit in Zweifel ziehe. Denn Kreativität und Routine passen nicht zusammen. Ich meine, ich kann ein Passbild-Studio einrichten. Oder meinetwegen auch Porträts von Leuten machen, die gern schöne Bilder von sich haben wollen. Das geht alles, aber das ist für mich nicht reizvoll." Also sucht sie weiter und findet auch immer wieder neue Themen, Perspektiven, Projekte.

Was ist für sie schön, was hübsch? Hübsch ist beiläufig, flächig, flüchtig, vielleicht vordergründig. Schönheit aber ist ausdrucksvoll, charakteristisch; schön ist der Ausbruch aus der allzu glatten Harmonie der Linien. Ist Eleganz für sie ein Kriterium? Langes Zögern: „Nicht bewusst. Nein, es kommt nicht vor in meinem Denken. Wenn ich darüber nachdenke, meine Fotos angucke, dann könnte man vielleicht von der einen oder anderen Frau sagen, sie hätte eine gewisse Eleganz. Ich bin mir aber nicht wirklich sicher, was Eleganz eigentlich ist. Marlene Dietrich, ein Zwanziger-Jahre-Stil, das ist vielleicht elegant. Aber tatsächlich betrifft die Kategorie mich nicht. Eleganz hat nichts erotisch Relevantes für mich." So wenig wie eine Frau im Kleid. Eine Frau im Kleid kann schön sein, und sie könnte vielleicht auch ein schönes Foto davon machen. Aber Begehren ist dabei nicht im Spiel: Sie findet die herberen Frauen reizvoller: „Ich stehe auf die ‚butchy femmes'; die herberen, sportlichen Frauen, die durchaus auch längere Haare haben können, aber immer im lesbischen Kontext gesehen, als Abgrenzung zwischen den Kessen Vätern und den Femmes."

Sich selbst bezeichnet sie als sportlich, vielleicht jungenhaft, in keinem Falle männlich. „Femmy butch" wäre eine gute Beschreibung, findet sie. Sie schätzt die Kraft und Technik des Kampfsports, die freie rhythmische Bewegung des Tanzes – bitte Freestyle, Standardtanz ist ihr zu einseitig. Da gehe es vorwiegend um Schritte und Schrittfolgen, nicht um echte freie Bewegung. Standard könne man notfalls auch ohne Musik tanzen, Freestyle ganz sicher nicht – da wird die Musik selbst körperlich.

Woran erkennt sie eine Lesbe? An den Bewegungen, die seien sportlicher, kerliger. Es gebe sogar femmige Frauen, die laufen wie ein Typ. Wenn eine Hetera eine Hose trägt, dann tut sie das anders als eine Lesbe; das sieht man einfach. Und umgekehrt, wenn sie selbst einen Rock anzieht, „dann fühle ich mich total eingeschränkt und komme mir vor wie eine Transe." Aber Frauenmode interessiert sie eigentlich nicht. Ist das überhaupt ein Thema für Lesben? Die (seltenen) Aufnahmen für „lesbische Mode" in einschlägigen Magazinen kommentiert sie: „Wo ist da lesbische Mode? Ich sehe da nicht ganz so muttimäßige Heterafrauenmode. Das zeigt nur: Auch Lesben dürfen Kleider und Röcke tragen und mal ein bisschen Körper zeigen." Im Gegensatz zu früher haben Lesben ihrer Beobachtung nach heute ein besseres Körpergefühl und zeigen ihre Körper auch mehr. Überhaupt vervielfachen sich lesbische Lebensweisen und Erscheinungsformen. Allerdings bestreitet die Fotografin vehement meine These, dass Lesben modische Vorreiterinnen sein könnten. Weit gefehlt, sie seien ja oft nicht mal up to date, und die modischeren bedienen sich eher bei den Schwulen, weswegen Lesben und Schwule sich geradezu erstaunlich ähnlich sehen. „Manchmal passiert es mir, dass ich in der U-Bahn jemanden von hinten sehe und denke: auf alle Fälle homosexuell. Ob Mann oder Frau ist noch ungewiss, aber homosexuell." Das hängt ihrer Ansicht nach mit dem Vermischen der Geschlechtsidentitäten zusammen. Viele Lesben würden niemals sagen, dass sie sich wie ein Mann fühlen, aber sie würden durchaus behaupten, dass sie etwas Schwules in sich haben. „Das, was in mir, auch wenn ich einen weiblichen Körper habe, quasi als männliche Identitätsecke, Männer begehrt. Und zwar eben nicht als Hetera, die einen Mann begehrt." Aber auch die Frage der Schönheit ist von nicht zu unterschätzender Bedeutung, wenn Lesben sich schwul geben. Da sie die herkömmlichen, das heißt im Heterosexismus vorgesehenen weiblichen Lebensformen ablehnen und eine bestimmte Kategorie Schwule sich ebenfalls aus dem heterosexuellen Muster löst, bietet sich deren Modell lesbischen Frauen als (modische) Alternative an. „Man kann sich schmücken und schick machen und so weiter, denn Schwule machen das ja auch. Das ist der Weg, der es mir erlaubt, mich zu pflegen."

Als ich gehe, habe ich so viele schöne Frauen gesehen wie schon lange nicht mehr. Der Blick der Fotografin hat mir ihre Schönheit gezeigt, die ich sonst womöglich gar nicht wahrgenommen hätte. Dieser Blick macht die Frauen, auf die er sich richtet, niemals zum bloßen Objekt, sondern er ist immer liebevoll und offen für das lebendige Gegenüber. Es ist ein erotischer Blick, der sich nicht für Klischees interessiert, für oberflächliche Harmonie oder die Plastikschönheiten der Hochglanzjournale, sondern der sich auf das Besondere und Charakteristische richtet. Zwar sind auch diese Fotos indirekt von Moden und individuellen Vorlieben geprägt, dennoch fangen sie etwas ein, was mit Mode nichts zu tun hat: weibliche Schönheit im Spiegel weiblichen Begehrens.

Lena, Corky und die Lederjacken: Lesben im Film

2001 kam das Gerücht unter meinen lesbischen Freundinnen auf, im nächsten TATORT werde Ulrike Folkerts alias Kommissarin Lena Odenthal eine Affäre mit einer Frau haben. Die Neugier war groß: Würde nun endlich auch die Fernsehfigur ihr Coming-out feiern, nachdem die Schauspielerin ihres längst hinter sich hatte? Ulrike Folkerts war 1999 von *Bild* geoutet worden, nachdem sie in der Jury eines lesbisch-schwulen Gesangswettbewerbs mitgewirkt hatte. Dass ihr diese Art der skandallüsternen Zurschaustellung nicht passte, verwundert nicht. Jedoch hatte sie, wie sie in späteren Interviews mit anderen Zeitungen betont, nie mit dem lesbischen Aspekt ihrer Identität hinter dem Berg gehalten; sie hatte ihn nur nicht an die große Glocke gehängt. Seit Jahren schon sei sie beim CSD dabei und in der Szene unterwegs, erklärte sie. Aber die breite Öffentlichkeit gehe es nichts an, dass sie eine Frau liebe.

Im TATORT *Fette Krieger* hat Lena Odenthal keine Affäre mit einer Frau – aber fast. In jedem Fall küsst sie die Tatverdächtige Mona, wenn auch zur Enttäuschung mancher Fans aus einer Notsituation heraus, weil sie nicht von einem streifegehenden Kollegen als Komplizin beim Graffiti-Malen erwischt werden will. Die Notsituation scheint aber ein willkommener Vorwand, die Figur etwas tun zu lassen, was sie sonst nicht ohne weiteres tun würde, und der Kuss allein ist es nicht, der die Beziehung zwischen den beiden Frauen tatsächlich prickelnd macht. Die Atmosphäre zwischen ihnen vibriert vor Erotik, beide flirten (schon beim ersten Verhör) aufs lebhafteste miteinander, und Lena – butchier frisiert denn je und zugleich femininer denn je mit einem hautengen bauchfreien Top in der Disco – wird von Rocco, dem Bruder des getöteten Sängers Fett und „Verehrer" Monas, sofort als Konkurrentin um deren Gunst erkannt. Es kommt sogar zu körperlichen Tätlichkeiten, bei denen Lena die Überlegene ist. Denn anders als andere Kommissarinnen im deutschen Fernsehen schlägt Lena Odenthal auch mal zu, wenn es nicht anders geht.

„Natürlich" passiert nicht mehr zwischen Lena und Mona, denn als nach dem Kuss Mona Lena zu sich nach Hause einlädt, klingelt Lenas Handy, und sie muss weg, weil Kollege und Freund Kopper ihre Hilfe braucht – und da ist er dann doch wichtiger als eine möglicherweise aufblühende – ja was? Affäre? neue Freundschaft? Beziehung? Wer weiß das schon. Am Ende stirbt Mona, so dass alle Beziehungsmöglichkeiten im Keim ersticken. Das mag ebensoviel mit dem Vermeiden von allzuviel offensichtlich Lesbischem zu tun haben wie mit der bewährten Krimi-Konvention, die Kommissarin einsame Wölfin bleiben statt sie befriedigende Liebesbeziehungen eingehen zu lassen, die sie von ihrem Kampf um Gerechtigkeit ablenken und sie weicher, weniger besessen scheinen lassen könnten. (Ihr

Autokennzeichen in der allerersten Folge beginnt mit LU-PA, italienisch für Wölfin ...) Und dass der ganze Krimi *Fette Krieger* damit beginnt, dass wir Lena mit einem Mann im Bett sehen, ist zwar als implizite Relativierung des deutlichen lesbischen Subtextes ärgerlich, aber immerhin klappt es ja nicht mit dem Mann, und Lena wirft ihn hinaus (was allerdings andererseits die nicht minder ärgerliche Frage aufwirft, ob hier das alte Klischee bedient wird, dass eine Frau sich nur dann für andere Frauen interessiert, wenn sie Pech mit den Männern hat). Wie dem auch sei: Lena Odenthal ist in diesem Krimi lesbischer als sonst, und wenn das auch bedauerlicherweise keine Konsequenzen für die weiteren TATORTS hat, so ändert das doch wiederum nichts an der lesbischen Ausstrahlung, die die Figur in jedem Fall für lesbische Zuschauerinnen besitzt. Vielleicht ist *Fette Krieger* nichts als ein freundliches Zugeständnis an die lesbische Fan-Gemeinde von Folkerts, aber als solches ist es gelungen.

Die Schauspielerin Ulrike Folkerts ist längst eine lesbische Galionsfigur geworden, und ihre Rolle der Lena Odenthal wird von Lesben mehr denn je mit ihr selbst in Verbindung gebracht. „Man" sieht sich jeden neuen Folkerts-TATORT an und freut sich über Odenthals Kleidung, ihre Körpersprache, ihr selbstbewusstes Auftreten (von ihrer Stimme ganz zu schweigen), weil das alles zusammen in einschlägiger Perspektive eindeutig „lesbisch" signalisiert – ganz gleich, welche sexuelle Identität Lena letzten Endes „wirklich" hat. Ulrike Folkerts hat noch vor *Fette Krieger* in Interviews, beispielsweise in *Queer* vom August 2000, erklärt, dass es ihr zu weit ginge, wenn Lena nun nach ihrem eigenen Outing auch lesbisch würde. Sie sei ja schließlich nicht Lena, sondern eine Schauspielerin, die Lena spiele – obwohl sie ihr äußerlich durchaus ähnele: Beispielsweise trage auch sie lieber Hosen als Röcke (wenn sie auch mittlerweile das Feminine für sich nicht mehr ablehne). Und man kann hinzufügen, dass ihr die Odenthal-Frisuren, die Odenthal-Körpersprache und die Odenthal-Mimik bestens stehen – beziehungsweise umgekehrt: Odenthal steht Folkerts Aussehen gut zu Gesicht, und die Lebendigkeit der Figur rührt genau daher. Ulrike Folkerts sieht auf Fotos von öffentlichen Ereignissen oder in Talk Shows nur unwesentlich anders aus als ihr Alter ego. Dass sie genausogut eine im traditionellen Sinne feminine Frau spielen kann, hat sie unter Beweis gestellt, aber ihr Typ wird nun einmal eher verbunden mit dem herben Stil der toughen und doch sensiblen Ermittlerin.

Nicht von Anfang an war der Stil so eindeutig; es wurde experimentiert, und im Laufe der Jahre veränderten sich immer wieder Nuancen. Beim ersten TATORT mit Folkerts, *Die Neue* (1989), präsentiert sich Lena Odenthal, eine frisch von der Polizeischule kommende eifrige neue Kollegin, in Jeans, einem grau-creme-gestreiften Damenpullover, Socken und flachen Pumps (eine modisch eher fatale Kombination), dazu Anorak, Rucksack und ein rosa Schal. Sie ist sichtlich stark geschminkt und trägt die kurzen Haare lockig-wuschelig. Die Mischung soll wohl signalisieren: Hier agiert eine Frau, die zwar selbstbewusst und ehrgeizig ist, aber auch feminin und hübsch. Aber die Mischung ist nicht nur modisch missglückt. Wenn Lena Odenthal in einer späteren Einstellung einen Wollrock und Wollstrumpfhosen zu den flachen Pumps trägt, steht ihr das zwar irgendwie, aber sie bewegt sich derart ausgreifend durch die Szene, dass man den Eindruck bekommt: Diese Frau trägt eigentlich Hosen und fühlt sich im

Rock nicht zu Hause; er passt auch gar nicht zu ihren Aktivitäten.

Hier hat die Schauspielerin Ulrike Folkerts Einfluss genommen. In einem Interview mit dem Berliner *Tagesspiegel* aus dem Jahr 2000 erklärt sie, dass die Kleidung aus der ersten TATORT-Folge nicht „ihre" gewesen sei. Eine andere Kostümbildnerin habe sie dann typgerechter angezogen: Jeans, Jackett oder Lederjacke: „Und ich hatte die Figur." Fortan ermittelte sie vorwiegend in Jeans, T-Shirt (das gern enganliegend und tief ausgeschnitten sein kann), Turnschuhen und unterschiedlichen Lederjacken: Da gibt es die klassische, männlich inspirierte schwarze Lederjacke, den sportlich-eleganten Gehrock, die gerade geschnittene, schmale, kurze Jacke mit Stehkragen – der Lederjackenreichtum, den die Figur in der Serie vorführt, ist groß und zeugt von modischem Erfindungsreichtum im Rahmen der sportiven Vorgaben. Das Kleidungsstück dient der Nuancierung der Figur und ihrer Gefühlszustände. In *Fette Krieger* trägt Lena Odenthal die klassische Lederjacke wie einen Schutzschild gegen die Welt, sie trägt sie, als sie ihrem Kollegen Kopper eine traurige Erinnerung erzählt, und sie schläft sogar darin.

Grundsätzlich ist die Kleidung, die Lena Odenthal trägt, körperbetont; sie tritt auch schon mal im Schlafshirt auf und zeigt ihre wohlgeformten Beine, oder im Badeanzug, wenn sie ihre Schwimmfähigkeiten einsetzt, die sie ihrer Darstellerin verdankt. Hin und wieder trägt sie Schmuck, eine kleine Kette, ein schweres Armband, einen einzelnen Ohrring oder zeigt ein Bandtattoo auf dem Oberarm.

Während des ersten Jahrzehnts kann man eine Serie von kleinen Veränderungen beobachten. Mitnichten jedoch geht die

Entwicklung von einem traditionell feminineren zu einem konsequent herberen Typus. Die Frisur ist mal strenger: ganz kurz an den Schläfen, ausrasierter Nacken, kurzes Oberhaar; mal damenhafter: etwas länger und wuscheliger; dann wieder strenger und glatt gegelt. Mal trägt sie einen Jeansanzug, mal weit ausgeschnittene T-Shirts, mal eine hautenge schwarze Jeans mit schwarzem Rollkragenpulli; mal ist sie stark geschminkt, mal wirkt sie fast ungeschminkt, aber das muss dann nicht so bleiben. Erst in den letzten Jahren ist der Eindruck durchgehend „butchier" als früher; man hat beim Wiedersehen der Filme das Gefühl, dass zunehmend alles Überflüssige an der Figur und ihrem Dekor weggelassen wurde und sie jetzt bei ihrem Kern angekommen ist. Und nie wieder hat Lena Odenthal einen Mantel mit Pelzkragen oder einen rosa Schal getragen, diese unentschlossenen Symbole einer Weiblichkeit zwischen manchen Stühlen.

In der Rezeption durch das lesbische Publikum bilden die Darstellerin und die Rolle, bilden Folkerts und Odenthal eine unauflösliche Symbiose. Die Zuschauerinnen lesen unablässig lesbische Subtexte in den Folkerts-TATORTEN. Aber Odenthal ist offensichtlich auch bei den übrigen ZuschauerInnen beliebt, denen die Subtexte möglicherweise entgehen oder – erstaunlicher noch: gleichgültig sind und die weiterhin in ihr einfach die toughe Powerfrau sehen. Das, was sie trägt, könnte mittlerweile ohnehin jede heterosexuelle Frau tragen, wenn es ihr gefällt, ohne in den Ruf einer Lesbe zu geraten – ganz gleich, wie eindeutig der Stil für lesbische Augen ist. Es ist indessen nicht nur das Wissen um die Identität der Darstellerin der Figur oder die Kleidung, die sie trägt, was der Figur Lena Odenthal etwas Lesbisches verleiht. Viel wichtiger ist die selbstbewusste Art, in der sie sich bewegt, also ihre Körpersprache, ist der selbstbewusste Umgang mit anderen, zumal Männern, ohne dass sie sich je von patriarchalen Verhaltensweisen unterkriegen ließe; ist die mit Sensibilität gepaarte Zielstrebigkeit; ist ihr fehlender Respekt vor allzu altmodischen Konventionen und ihr vollständiger Verzicht auf jegliches Mädchengetue. Die Kleidung transportiert das alles mit; anders gesagt, sie ist ein Symbol dafür. Vielleicht sind nicht alle Lesben so, aber viele würden sich gern so sehen. Und genau diese Eigenschaften machen Lena Odenthal vermutlich auch zu einer interessanten Figur für viele heterosexuelle Frauen, für die Lesbischsein nie ein Option war, wohl aber emanzipierte Selbstbestimmtheit.

Auch Corky und Violet im lesbischen Kultfilm *Bound* führen das wesentliche Element eines lesbischen Stils vor: die schweren schwarzen Lederjacken, allerdings in charakteristischen ironischen Varianten. Corky trägt sie klassisch: zu Jeans, Rippshirt und Cowboystiefeln; sie trägt sie äußerst cool, bewegt sich entsprechend lässig und signalisiert damit eindeutig ihr Lesbischsein. Violet hingegen trägt sie zum hautengen kurzen Minirock und schwindelerregend hohen High Heels, auf denen sie bewundernswert sicher und elegant gehen kann. Sie könnte ohne weiteres eine heterosexuelle Frau sein, die sich den Kontrast zwischen der schweren Lederjacke (die wie eine Männerjacke geschnitten ist) und den femininen Attributen zunutze macht, um hetero-sexy zu sein, denn so werden derartige Lederjacken längst von vielen getragen. Unter anderen hat auch Hannelore Elsner als Kommissarin im Ersten Deutschen Fernsehen dazu beigetragen, diesen Stil, ganz ins Heterosexuell-Feminine mutiert, populär zu machen.

Violet in *Bound* muss Corky eindeutige Blicke zuwerfen, damit die Zuschauerin zu ahnen beginnt, dass ihre Lederjacke tatsächlich Zeichen ihres lesbischen Begehrens und nicht einfach modischen Bewusstseins ist. Vielleicht ist sie auch geheimes Zeichen ihrer Macht? Denn der Film spielt mit sämtlichen Lesbenklischees und deren Subversion; mit den Rollen von Butch und Femme, mit Macht und Erotik, Sexualität und Verführung, Liebe und Tod. Corky, die Toughe, verführt nur, weil sie längst verführt worden ist, und zwar mit Hintergedanken. Violet, das scheinbar naive Weibchen, beherrscht die Macht der Manipulation und hat immer alle Fäden in der Hand; sie gibt die Rolle der Frau auf der Bühne der Weiblichkeit geradezu perfekt. Corky spielt zwar mit der Idee der Butch, aber sie ist mitnichten unweiblicher als Violet, inszeniert sich nur auf andere Weise als Frau. Zu Beginn wirft sie Violet vor, sie beide hätten nichts gemeinsam. Sie nimmt damit für sich das Vorrecht in Anspruch, die „echte" Lesbe zu sein, während Violet nicht so aussieht, auch tatsächlich mit Männern schläft und sich von ihnen aushalten lässt: keine echte Lesbe also, sondern eine Hetera, die den besonderen Kick braucht, wie Corky unterstellt? Auch das ist ein Klischee, das der Film ironisch inszeniert. Am Ende, nachdem sie mit vereinten Kräften die Mafia besiegt haben, eröffnet Corky Violet, sie wisse nicht mehr, worin sie beide sich unterscheiden. Sie anerkennt die andere damit sowohl als Lesbe wie als raffinierte Person mit ebensoviel krimineller Energie wie sie selbst. Dann brausen beide in den gleichen schwarzen Lederjacken und Sonnenbrillen im aufgemotzten Pick-up einem neuen Leben entgegen ...

Diese Erkenntnis ist genauso falsch wie die erste Vermutung Corkys, sie und Violet hätten nichts gemeinsam, sie lebten auf verschiedenen sozialen und Geschlechterplaneten. Natürlich sind die beiden sich nicht gleich, nur weil sie Frauen/Lesben sind; und natürlich unterscheiden sie sich nicht deswegen, weil die eine lesbischer wäre als die andere oder weil die eine Femme, die andere Butch ist. Die Rollen sind austauschbar geworden; nicht in ihnen liegt die Identität der beiden begründet. So sind auch die Unterschiede zwischen beiden nicht festgeschrieben, sondern verändern sich. Und genau drin liegt der Witz – und die Differenz zwischen den beiden, die überhaupt erst das Begehren erzeugt.

Während Lena Odenthal die lesbischen Signale allein oder mit wechselnden männlichen und weiblichen PartnerInnen in unterschiedlichsten Handlungskontexten produzieren muss, ist die lesbische Identität der beiden Frauen in *Bound* Ergebnis des klassischen Zusammenspiels von Femme und Butch. In diesem überaus ironischen Spiel zwischen zwei unterschiedlichen Frauen, in der Inszenierung und Demontage von Klischees besteht der Reiz des Films, dem trotz der Thriller-Handlung der tiefe Ernst fehlt, den die deutsche TATORT-Kommissarin, einsame Wölfin im Dickicht moderner Großstadtkriminalität, notwendigerweise besitzt. Ihre Gegenspielerinnen – Mona in *Fette Krieger*, die Grafikerin in *Die Kampagne* etwa – sind immer nur kurzfristig und in bedrohlichen Situationen verfügbar. Sie haben zwar die Funktion, Lena in unterschiedlichen Beziehungen zu Frauen zu zeigen (so wie sie auch in verschiedenen Beziehungen zu Männern gezeigt wird), woraus sich jeweils eine neue Seite an der Figur ergibt. Aber für Lena geht es niemals um das erotische Mit- und Gegeneinander, um Gegensätze zwischen verschiedenen, durch andere Frauen verkörperte Rollen von Weiblichkeit und deren wechselseitige Positionierung. Um nichts anderes geht es jedoch in *Bound*, ungeachtet des gewalttätigen Drum und Dran der Mafia-Geschichte. Während Lena vor allem Fälle lösen muss, inszenieren Corky und Violet in erster Linie den verwirrenden Tanz von Erotik und Loyalität, von Macht und Verführung.

Die Lederjacken sind in beiden Fällen zentrales Symbol, aber mit einer Vielzahl von Bedeutungen: Erotik und Begehren zwischen Frauen, Souveränität und Autonomie, Schutzbedürftigkeit und Beschützen. Sie symbolisieren lesbische Lebensstile in ihrer Vielfalt auf dem Spektrum aller nur möglichen Weiblichkeiten.

NACHWORT

Meine Streifzüge auf der Suche nach lesbischer Schönheit sind erst einmal beendet; das Buch ist geschrieben. Aber die Suche nach dem, was lesbische Schönheit denn nun sei, bleibt unabschließbar. Denn natürlich gibt es auf die Frage danach so viele Antworten wie Individuen, und jede Frau hat ihre eigene Meinung über das, was sie schön findet und was häßlich. Und: Jede Frau hält es anders mit der Mode.

Viele Klischees haben sich bestätigt, aber ebensoviele wurden differenziert oder erwiesen sich als haltlos. Bei allen Frauen, mit denen ich auf meinen Spaziergängen durch Berlin und Köln gesprochen habe, bestand auffallende Übereinstimmung darin, dass Lesben als Gruppe sich nicht gerade durch besonders viel Stilgefühl und Geschmack auszeichnen. Sowohl diejenigen meiner Gesprächspartnerinnen, die auffallend modisch gekleidet sind, als auch die, die mit viel Sorgfalt eine Variante der vielen typisch lesbischen Stile pflegen, vermissten bei der Mehrzahl der Lesben um sie herum etwas mehr Sinn für Glanz und modisches Bewusstsein. Sie selbst aber waren so unterschiedlich wie individuell und zelebrierten ihre Stile der Selbstinszenierung mit (mehr oder weniger) Hingabe. Sie haben mir eines vor Augen geführt: dass es wichtiger ist, einen eigenen Stil zu entwickeln und mit diesem Stil unverwechselbar und einzigartig zu sein, als Trends zu folgen, die in kürzester Zeit alle Individuen gleich aussehen lassen. Stile sind immer auch Perspektiven auf die Welt, nicht nur auf die eigene Person. Manchen Frauen ist es wichtig, „lesbisch" auszusehen, ihr Anderssein nicht nur für andere Lesben sichtbar zu machen, sondern auch gegenüber der heterosexuellen Umwelt dazu zu stehen. Die Codes dafür – was ziehe ich an (und was auf gar keinen Fall)? wie trage ich meine Haare? wie bewege ich mich? – gibt es nach wie vor, und sie sind in den Grundzügen (wenn sich auch die Nuancen den allgemeinen modischen Normen angepasst haben und sich umgekehrt die allgemeinen Normen ihnen angepasst haben) nicht sehr verschieden von den Codes, mit denen Frauen vor zehn oder zwanzig Jahren ihr Lesbischsein demonstrierten. Stärker ausgeprägt ist mittlerweile der „schwule" Stil unter (gerade jüngeren) Lesben, der eine konsequente Fortentwicklung jener Codes ist, aber wohl eher selten als Ausdruck eines im weitesten Sinne (frauen- oder lesben-)politischen Bewusstseins eingesetzt wird, sondern um Selbstbewusstsein und sexuelle Präsenz zu demonstrieren. Er hat seinen herben Charme – schade nur, dass es wieder einmal ein männliches Modell ist, nach dem sich weibliches Selbstbewusstsein bildet.

Andere Frauen haben keine Lust, ihr Anderssein durch, wie sie es empfinden, eintönige Kleidung zu zeigen. Sie wollen sich lieber als Individuen inszenieren und einfach leben, was sie sind, ohne sich Stil-Normen zu unterwerfen, die ihnen nicht gefallen. Sie interessiert es weit mehr, unter den unzähligen Facetten von Weiblichkeit diejenigen herauszufinden, die ihnen am besten gefallen, die sie in ihrem eigenen Leben – sei es ernst, sei es spielerisch – am liebsten verwirklichen wollen. Denn Lesbischsein ist nur ein – wenn auch ein wesentlicher – Aspekt dessen, was sie sind; sie bestehen auf der Vielfalt dessen, was ihre Person ausmacht, und genießen die Spielräume, die ihnen das gibt. Einige von ihnen haben die Anpassung an lesbische Normen hinter sich und brauchen sie jetzt nicht mehr, weil sie sich ihrer selbst und ihres Lesbischseins sicher geworden sind. Nie würden sie indessen leugnen, wie wichtig der Coming-out-Stil für sie an einem bestimmten Punkt ihres Lebens gewesen ist. Andere haben den Coming-out-Stil nie gebraucht und fühlen sich trotzdem genauso lesbisch. Ihnen standen schon immer alle Stile zur Verfügung, und sie können nach Herzenslust damit spielen oder sich irgendwann auf den einen festlegen, der sich zu ihrem Markenzeichen entwickelt, egal ob traditionell lesbisch oder nicht. Einigen Frauen kommt es vor allem darauf an, modisch up to date zu sein. Einige verstehen sich als „queer" und lassen sich ungern auf eine bestimmte Identität und eine bestimmte Mode festlegen, die sie als gesellschaftlichen Zwang empfinden; sie behalten sich die Freiheit vor, alles sein und haben zu können, und zwar möglichst sofort. Manche denken womöglich gar nicht darüber nach, was sie anziehen und was sie damit signalisieren. Und wahrscheinlich gibt es immer noch einige, die ihr Lesbischsein ganz und gar verbergen wollen, indem sie sich mimikry-artig der modischen Masse anpassen, aber solche habe ich nicht gesehen, weil man sie eben nicht sieht.

Setzen Lesben Trends? Einige Lesben mögen besonders avanciert sein in bezug auf ihre Outfits, ihre Vorstellungen von weiblicher Schönheit und ihre Praktiken von Schönheit. Andere sind es nicht. Sicher ist, dass immer wieder Elemente lesbisch-schwuler Stile von der Mainstream-Mode übernommen und kommerzialisiert werden und dass man heute auf der Straße und in Modezeitschriften mehr Moden sehen kann, die zu Lesben passen, als das früher der Fall war. Das muss allerdings nicht so bleiben, da die Mode sich ohnehin ständig ändert und immer wieder neue Trends, Stile, Ideen auf den Markt werfen muss, um das zu bleiben, was sie ist: Mode.

In einem Punkt allerdings sind viele Lesben ohne Zweifel Trendsetterinnen: Ihre Vorstellung von Schönheit ist deutlich weniger von Jugend und windschnittiger Attraktivität dominiert, als das bei Schwulen und Heterosexuellen beiderlei Geschlechts der Fall ist. Erstaunlich häufig hört man von Lesben, dass Schönheit für sie das sei, was eine Frau ausstrahle – an Selbstbewusstsein, an Warmherzigkeit, an Neugier auf die Welt, an Eins-Sein mit sich selbst oder auch an Komplexität; wichtiger als eine perfekte Fassade sei das gelebte Leben, das man einer Frau ansehe, und Falten könnten durchaus schöner sein als eine allzu glatte junge Haut. Schönheit ist für viele lesbische Frauen ein ganzheitliches Konzept, das die ganze Person meint und sich auf diese Weise manchen gängigen Schönheitsnormen widersetzt. So müssen Lesben weniger Angst als Heteras haben, im Alter allein zu sein, wenn ihre Beziehung in die Brüche geht: Ihre Chancen, neu zu lieben und geliebt zu werden, sind größer als die vieler Heteras (oder vieler Schwuler), für die die Marktgesetze in ganz anderem Maße gelten und die sich in größerer Ausschließlichkeit für einen (realen oder imaginären) Markt in Szene setzen müssen, um nicht ganz schnell in Vergessenheit zu geraten.

Lesben werden immer schöner. Sie achten – ganz gleich, welchen Stil sie favorisieren – mehr als früher darauf, was sie anziehen und wie sie sich stylen (wobei man sich über die ästhetischen Qualitäten der unterschiedlichen Stile sicher streiten kann). Lesben sind selbstbewusster geworden, und je sicherer sie ihrer Identität sind, desto experimentierfreudiger werden sie hoffentlich auch in modischer Hinsicht. Die Möglichkeiten sind besser denn je: Lesben genießen mehr Sichtbarkeit in der Öffentlichkeit, die Selbstverständlichkeit, mit der heute jede leben darf, was sie will, ist viel größer geworden; die modischen Stile haben sich so sehr vervielfacht, dass eben auch das, was früher als klassisch lesbische Variante galt, nun offiziell vertreten ist und für alle zur Auswahl steht. Ganz besonders wichtig aber ist, dass wir in einer pluralistischen Kultur leben, in der „Inszenierung" zum Schlüsselbegriff geworden ist. Alle nur erdenklichen Versionen von Identität werden mit einemmal wählbar, wenn klar ist, dass es keine ursprüngliche und unveränderliche Identität mehr gibt – oder jedenfalls keine, die nicht als solche trotzdem noch in Szene gesetzt werden muss, um überhaupt wahrnehmbar zu sein. Darüber hinaus scheint die Brillanz der Inszenierung selbst oftmals wichtiger als das, was inszeniert wird. Das wiederum setzt Phantasie frei und eröffnet alle Möglichkeiten und hat darüber hinaus vielleicht tatsächlich mehr Toleranz gegenüber jeglicher Vielfalt zur Folge (und zwar zwischen Heteras und Lesben ebenso wie unter den Lesben selbst).

Die Mode hat neben den sportlichen, lesbischen, männlichen, hypersexy Trends im letzten Jahrzehnt auch eine Fülle von Formen und Stilen entwickelt, die sehr feminin sind, ohne dem Weibchenklischee zu verfallen. Die Modedesignerin in meinem Buch beispielsweise ist unerschöpflich im Erfinden solcher aufregenden Kleider, die es einer Frau erlauben, ihre Emanzipation nicht zu verraten, wenn sie Phantasie schätzt und perfekte Schnitte und sich modisch-elegant-feminin kleidet. Vielleicht entwickeln Lesben in Zukunft auch mehr Sinn für besonderen Schmuck, weil sie begreifen, dass er sie nicht einengt oder festlegt, sondern ihnen, wie Kleidung, ungeahnte

Chancen der Selbstinszenierung bietet. Ich wünsche mir, dass sich mehr Lesben diese Vielzahl modischer Möglichkeiten zunutze machen und eigenständig weiblich-lesbische Wege beschreiten, um immer schöner zu werden. Sie haben das Zeug dazu.

BILDNACHWEIS

Seite: Motiv:
- 7 Ohrringe von Astrid Stenzel/Schwermetall; Foto: Sabine Münch
- 17 Titel der britischen Lesbenzeitschrift *Diva* vom Dezember 1999
- 22 Jeanne Mammen: *Im Damenclub I*, mit freundlicher Genehmigung der Jeanne-Mammen-Gesellschaft, Berlin, © VG Bild-Kunst, Bonn
- 25 Foto: Heyde/Pausch
- 27 Gustave Courbet: *Le sommeil* (1866), Musée du Petit Palais, Paris
- 31 Leslie Feinberg, Foto: Sigi Zang
- 40 Foto: Anja Müller
- 42 Modefoto aus der Modestrecke „Dykes on Stage" aus *Outline*, Juni 2000
- 48 Auszug aus Alison Bechdel: *Lesbenläufe ... wie aus dem Bilderbuch*, übersetzt von Birgit Müller unter Mitarbeit von Lisa Heinemann, Göttingen (Daphne Verlag) 1991, S. 57
- 80 Auszug aus Alison Bechdel: *Lesbenläufe ... wie aus dem Bilderbuch*, übersetzt von Birgit Müller unter Mitarbeit von Lisa Heinemann, Göttingen (Daphne Verlag) 1991, S. 34/35
- 88 Nicht im Kölner, sondern im Berliner Geschäft der Designerin Gesine Moritz, Foto: Dagmar Schadenberg
- 99 Mode von Gesine Moritz, Foto: Dagmar Schadenberg
- 111 Marina Abramovic: *Ohne Titel*, 1991, © VG Bild-Kunst, Bonn
- 123 Boxerin, Foto: Heather Cameron 1996
- 133 Kerstin und Andrea beim Tango, Foto: privat
- 159 Doppelseite „Rollenspiel" aus *Vogue*, September 1993
- 165 Die Fotografin bei der Arbeit, © Anja Müller
- 175 Ulrike Folkerts, Foto: Krause-Burberg, krabu@burberg.de

Die Rechte für die nicht aufgeführten Abbildungen liegen beim Verlag oder konnten nicht ausfindig gemacht werden. Der Verlag bittet gegebenenfalls um Mitteilung, um in einer späteren Auflage eine Korrektur vorzunehmen.

Die Deutsche Bibliothek – CIP-Einheitsaufnahme
Lehnert, Gertrud:
Wir werden immer schöner – Lesbische Inszenierungen
Gertrud Lehnert
Berlin: Krug & Schadenberg, 2002
ISBN 3-930041-31-6

Alle Rechte vorbehalten
© 2002 Krug & Schadenberg
Heimstraße 19, 10965 Berlin
Tel. (030) 694 12 43 · Fax (030) 694 12 31
info@krugschadenberg.de
www.krugschadenberg.de

Originalausgabe
1. Auflage 2002

Lektorat: Andrea Krug, Berlin
Satz und Gestaltung: Dagmar Schadenberg, Berlin
Coverfoto: Christiane Pausch, Berlin
Druck: Clausen & Bosse, Leck